《中国脱贫攻坚典型案例丛书》
编 委 会

干沙滩到金沙滩

——闽宁镇脱贫攻坚经验总结

中国扶贫发展中心　组织编写

吴惠芳　龚　利　李红艳　著

GAN SHATAN DAO JIN SHATAN

人民出版社

责任编辑：冯　瑶

责任校对：任　民

图书在版编目（CIP）数据

干沙滩到金沙滩 ：闽宁镇脱贫攻坚经验总结 / 吴惠芳，龚利，李红艳著 .-- 北京 ：人民出版社，2024. 12. （中国脱贫攻坚典型案例）. -- ISBN 978 - 7 - 01 - 026994 - 8

Ⅰ . F127.434

中国国家版本馆 CIP 数据核字第 2025F7S134 号

干沙滩到金沙滩：闽宁镇脱贫攻坚经验总结

GAN SHATAN DAO JIN SHATAN

MINNINGZHEN TUOPIN GONGJIAN JINGYAN ZONGJIE

吴惠芳　龚　利　李红艳　著

人 民 出 版 社 出版发行

（100706　北京市东城区隆福寺街 99 号）

北京建宏印刷有限公司印刷　新华书店经销

2024 年 12 月第 1 版　2024 年 12 月北京第 1 次印刷

开本：710 毫米 ×1000 毫米 1/16　印张：11.75

字数：235 千字

ISBN 978 - 7 - 01 - 026994 - 8　定价：78.00 元

邮购地址 100706　北京市东城区隆福寺街 99 号

人民东方图书销售中心　电话（010）65250042　65289539

目 录

CONTENTS

序 言

　　闽宁镇位于我国宁夏中南部，隶属银川市永宁县，其名"闽宁"取自福建、宁夏的简称，象征两省区协作发展的山海情谊。在贺兰山脚下"因扶贫而生、为脱贫而建"的闽宁镇在政府移民政策的支持与引导下，一批批来自素有"苦瘠甲天下"之称的西海固移民在这里扎下了根，兴修水利、改良土壤、引进种植技术，让 20 世纪 90 年代"天上无飞鸟、地面不长草。沙漠无人烟、风吹砂砾跑"的荒滩上长出了庄稼，解决了贫困移民的温饱问题。

　　在东西协作及精准扶贫的政策背景下，闽宁镇的脱贫历程探索出了东西协作扶贫的"闽宁模式"，创新并实践了"联席推进、结对帮扶、产业带动、互学互助、社会参与"的"闽宁对口协作"。为保障移民自主搬迁，稳得住，政府采取了一系列措施：完善基础设施、发展教育、落实惠民政策等多方位筑牢减贫安全网，尤其创新兜底保障措施，使脱贫路上一个都不少；利用发展务工、培训技能实现移民生计保障，尤其在产业发展方面，因地制宜推进酿酒葡萄、红树莓、大棚蔬菜、牛羊养殖等传统产业蓬勃发展的同时积极创新产业发展方式，打造扶贫车间、完善电商新生态圈；通过加强基层党建，促进民族团结实现基层治理；将昔日的"干沙滩"变成了"金沙滩"。

　　昔日的荒漠戈壁滩通过"闽宁协作"完成移民搬迁、环境改善、产业壮大、脱贫致富，探索出了一条中国脱贫道路，闽宁镇脱贫历程是全国脱贫攻坚的一个缩影。闽宁镇的蜕变，背靠党和国家的积极引导、有效支援与强力保障，凝结了闽宁两省区人民的山海情谊和几代移民的血泪与汗水。走出贫困的闽宁镇正蓄势待发，整装向前，全力打造成乡村振兴战略实施的示范点。

第一章　贺兰山脚下的金沙滩

序诗：闽宁镇发展之路

贺兰山下路茫茫，移民四顾泪两行。

一砖一瓦细细垒，夜以继日建新乡。

山海情深谊更长，艰苦奋斗路宽敞。

鳏寡孤独有呵护，生产生活不一样。

孩童欢乐上学堂，老人执手话家常。

男儿立志出乡关，巾帼上阵焕光芒。

苦尽甘来向前望，回汉一家幸福长。

脱贫攻坚做样板，乡村振兴共小康。

　　闽宁镇位于宁夏中南部贺兰山东麓地区，隶属银川市永宁县，在自治区首府银川市西南部，区位优势明显。该镇属于温带大陆性气候，日照充足，夏季热量丰富，昼夜温差大。这里的居民由西海固搬迁而来。西海固位于宁夏回族自治区南部，素有"苦瘠甲天下"之称。1997年，时任福建省委副书记习近平同志来到宁夏，为解决"一方水土养活不了一方人"难题，他提议闽宁两省区共建一个移民吊庄村——闽宁村，"闽宁"二字取自福建、宁夏的简称，象征两省区协作发展的山海情谊。同年7月15日，闽宁两省区在西吉移民吊庄举行闽宁村建设开工奠基仪式，一场跨越 2000 多公里、历时 20 余年的闽宁协作由此展开。

立足于东西协作扶贫，闽宁村充分发挥地方特色资源优势，坚持闽宁共建，由最初 8000 人发展成如今 6.6 万人的特色小镇——闽宁镇，人均可支配收入从建设初期的不足 500 元，增长至 2024 年 19312.56 元，贫困发生率、新增和返贫率为 0%。移民内生动力得到充分激发，产业得到长足发展，人民实现生活富裕。

闽宁镇的发展为解决宁夏西海固贫困问题提供根本之策，是东西部扶贫协作的成功范例，更彰显了中国特色社会主义制度的优势。闽宁镇也因此荣获"全国脱贫攻坚组织创新奖""全国民族团结进步模范集体""全国脱贫攻坚楷模"等荣誉，被列为全国"两县一镇三村"脱贫攻坚典型。2016 年 7 月 19 日，习近平总书记在闽宁镇视察时深情地说道："闽宁镇从昔日的干沙滩变成现在的金沙滩，探索出了一条康庄大道，我们要把这个宝贵经验向全国推广。"

第一节 "搬得出稳得住"：走出瘠薄 干旱的贫困阴影

西海固最初是宁夏南部山区西吉、海原、固原的合称。1953 年，西海固回族自治区成立，人们习惯以西海固借指宁夏南部地区的 8 个国家级贫困县。这里山大沟深，严重缺水："三年两头旱，中间风沙愁。人畜辛苦劳，十种九不收"，联合国粮食开发署将此地确定为不适宜人类居住的地区之一。伴随着人口的持续增长，粮食需求量不断增加，村民们为了填饱肚子只能不断向山要地，植被破坏、水土流失和土壤肥力下降导致粮食减产的恶性循环。村民的温饱更成问题，"锅里没粮，锅底没柴，缸里没水，身上没衣，出门没路，上学没钱，有病靠熬"是西海固人民最真实的写照。

"家在大山深处，靠天吃饭，吃的是窖水，天下雨就得赶快把水装起来，天不下雨，连喝的水都没有。小孩子上学要走5—6公里路，家里连上学的钱都拿不出来。家里主要种些小麦、玉米和豆子，好年成的时候把豆子卖了挣钱，供孩子上学、家里开销、生活日用等。年成不好了，日子过不下去了就去外地要饭。"（刘昌富，园艺村农户）

1982年，中国启动了"三西"①扶贫开发计划，首开中国乃至人类历史上有计划、有组织、大规模"开发式扶贫"的先河。按照"三西"建设的指导方针，从20世纪80年代开始，宁夏就组织实施移民搬迁，动员西海固地区生活条件极差的群众搬迁至条件稍好一点的地方，建立新的生产生活基地，充分利用该地优势条件，在新土地上安居乐业，稳步发展，称之为"吊庄移民"。

1990年10月，在国家"三西"扶贫开发的大背景下，自治区党委、政府组织宁夏南部山区西吉、海原两县的1000多户百姓，搬迁到首府银川市近郊的永宁县境内，建立玉泉营、玉海经济开发区两处吊装移民点，这便是闽宁镇的前身。1996年5月，在中共中央"两个大局"战略指引下，福建与宁夏建立扶贫协作对口帮扶关系，时任福建省委副书记习近平同志亲自担任福建对口帮扶宁夏领导小组组长，拉开了闽宁对口帮扶协作的序幕，开创了全国有组织易地搬迁扶贫的先河，闽宁村因此成立。

与过往易地搬迁不同的是，闽宁镇的出现是从无到有的过程。20世纪90年代的闽宁镇所在地还是一片戈壁荒滩，没有任何基础设施。1990年到1995年，玉泉营农场迎来了第一批西海固移民。虽然政府已经出台了一系列搬迁政策，但本就家境贫寒的农民在经历搬迁后家庭生计更为脆弱，在一片荒漠戈壁上重新建造家园的难度极大，一切需要从零开始。作为闽宁的第

① 三西地区指的是宁夏西海固，甘肃河西、定西地区。

一代移民，也是这片干沙滩的真正拓荒者，他们来到这片荒滩的第一件事就是盖房改田，实现"有房子住，有粮食吃"。1991年，国家大力推行的吊庄水利工程建设和农田基础设施建设增强了移民的温饱信心。由于条件艰苦，起初移民只能暂时在沙地上挖个大坑盖上棚凑合居住，"我们天天早上起来嘴巴里都是沙子，有一次下午遇到了沙尘暴，七八级的台风吹了30多分钟，人都站不住脚，等风停了就三样东西没被吹走：我、我老婆，还有我怀里的锅"（闽宁村第一批移民）。第一批移民因自然、气候和经济条件限制，所建房子多为土坯房，面积也非常狭窄。而想要在这里种植玉米和小麦，土壤改良是第一步。这一时期的移民主要以筛拣沙砾的办法推进农田改良，逐步扩大种植面积。到1995年，移民已经在这片茫茫戈壁滩上建立起自己的新房屋，土壤改良成效明显，依靠传统的农业生产方式可以实现自给自足。移民积极开展的防风固沙工作，也为这片荒滩注入了新的希望。

东西部扶贫协作是真正帮助贫困的移民群众在这片土地上"生根发芽"的重要战略。20世纪90年代，中共中央作出东部发达省市对口支援边疆和少数民族地区的决定。1996年5月31日，国务院部署经济发达的13个省市对口帮扶经济欠发达的10个省区，确定福建省对口帮扶宁夏回族自治区。1996年11月，闽宁两省（区）对口扶贫协作第一次联席会议在福州召开，由此确立了省（区）、地市和县（市、区）三级扶贫领导机构和市县（区）结对帮扶机制。1997年，闽宁村正式成立；2001年，闽宁村人口规模达到1.4万人，经银川市人民政府批准，成立闽宁镇；2005年，闽宁镇的村组织合并，原有的12个村合并为5个村，即园艺村、木兰村、武河村、福宁村和玉海村。其中，原隆村作为永宁县"十二五"生态移民安置村，因为移民来自固原市原州区和隆德县的13个乡镇而命名，于2010年规划建设，2012年实施搬迁，现有1998户9612人。

"授人以鱼，不如授人以渔"，闽宁两省区干部群众以多层次、全方位的互助合作帮助移民走出贫困阴影，树立生活自信。1998年夏天，在闽宁两省区的大力支持下，菌草栽培技术被引进闽宁村，这是移民的致富希望，也是闽宁村发展的第一项产业。菌草栽培在 1999 年得到推广，2001 年配套项目保鲜库建成。2003 年全镇实现收入 205 万元，户均收入 5400 元，2007 年全镇累计建设蘑菇棚 960 栋 4800 间，棚均收入 4500 元，菌菇产业带动了一大批移民脱贫。除引进产业外，大量闽商企业入驻闽宁，福建商人陈德启就是其中之一。他于 2007 年来到闽宁镇，原计划投资房地产的他看中了贺兰山东麓这片土地，其海拔、土质、日照与昼夜温差等指标均优于世界葡萄酒胜地——法国波尔多地区，他当即投入 2 亿元与永宁县政府签下了 10 万亩的荒地，于 2013 年成立贺兰神国际酒庄，帮助解决了近万名移民的就业难题。

除产业方面的支持外，福建省的资金、技术与人才队伍同样向闽宁涌入，为加快闽宁镇基础设施建设步伐提供支持。自 2008 年以来，闽宁镇共建设 9 所小学、2 所幼儿园和 1 所乡镇卫生院，并于 2010 年实现了村村通沥青（水泥）路，闽宁镇基础设施的全面进步大大提升了移民的生活幸福感。福建作为东部发达省份为闽宁镇解决移民就业提供广泛就业市场，充分发挥闽宁共建优势。劳务输出是移民的重要收入渠道，大量有劳动能力的移民去往福建务工，不仅见识了更广阔的世界，也学习到相应的技术知识，为闽宁镇发展培养了一批优秀人才队伍。

以经济援助、企业协作、人才交流等渠道深入开展的闽宁协作，构筑了优势互补、互学互助、共同发展的闽宁模式。经过二十多年的互助帮扶，闽宁镇的生产、生活以及生态实现了华丽转变。闽宁镇的成功离不开福建省的支援，两省区已经建立了深厚的友谊，民生服务中心主任讲道："福建人就是我们的亲人，我们彼此之间有一份深厚的情谊在。"闽宁镇用实际行动证明以东部先发优势补足西部发展短板，带动西部偏远地区崛起的重大意义，东西部扶贫协作为缩小区域差距、激活西部内生动力、解决移民"搬得出、稳得住、能致富"问题贡献"新方案"。

第二节 "能发展能致富"：打造丰饶富庶的特色小镇

党的十八大以来，脱贫攻坚被置于治国理政的突出位置，党中央就扶贫工作出台一系列方针政策，明确了到 2020 年我国现行标准下农村贫困人口实现脱贫、贫困县全部摘帽、解决区域性整体贫困的目标任务，尤其是 2013 年精准扶贫思想的提出更是对扶贫理念和方法的丰富与补充。但闽宁镇 2013 年仍有贫困户 1537 户、贫困人口 6511 人，致贫原因多为因病、因残和因学，其脱贫任务十分艰巨。2014 年 1 月，中共中央办公厅和国务院办公厅联合印发了《关于创新机制扎实推进农村扶贫开发工作的意见》，提出对每个贫困村、贫困户建档立卡，建设全国扶贫信息网络系统。国务院扶贫办随后制定了《建立精准扶贫工作机制实施方案》，在全国范围推进精准扶贫工作。至此，中国扶贫事业进入到精准扶贫和精准脱贫的新阶段。

永宁县严格贯彻党中央脱贫攻坚决策部署，制定《精准扶贫宣传手册》，与各乡镇签订年度目标责任书，明确各级工作责任和年度目标任务，闽宁镇作为永宁县的重点脱贫乡镇格外受到重视。精准识别、"三保障"落实、就业扶贫、产业扶贫、易地搬迁扶贫、东西部扶贫协作与贫困群众内生动力的激发是实现闽宁镇高质量脱贫的重要内容，是稳定移民生计、提升发展动力、实现脱贫致富的核心举措。

2014 年，按照精准识别要求，依据人均可支配收入低于 2300 元的标准，闽宁镇识别出建档立卡贫困户 1539 户 6536 人，当年实现脱贫 316 户 1301 人。2016 年，按照贫困标准、"公平、公正、公开"原则和贫困户"四优先四不评"认定标准，精准识别出闽宁镇贫困户 76 户 367 人。2018 年，闽宁镇新识别建档立卡贫困户 57 户 283 人，返贫 65 户 268 人。截至 2019 年，闽宁镇建档立卡户 1365 户 5742 人，已脱贫建档立卡户（脱贫不脱政策）1243

户 5191 人，未脱贫 122 户 551 人。2020 年年底，永宁县现行标准下绝对贫困人口已全部脱贫退出。

在基础设施建设方面，2017 年，闽宁镇棚户区改造安置楼共计 2138 套，已安置 1380 套；排水、污水处理等基础配套工程全面完成，闽宁集贸市场投入使用，闽宁二中、二小、幼儿园已竣工并投入使用。2018 年，闽宁镇共修建通村道路 22.44 公里，自然村道硬化 30.5 公里，巷道硬化 5.54 公里。2019 年，闽宁镇主干道路及各村具备绿化条件的道路基本实现绿化全覆盖，安装太阳能路灯 1786 盏，城乡面貌焕然一新。2020 年，在全镇范围内集中开展农村人居环境整治推进行动，达到绿化、美化、净化效果，加大环境问题整治力度，规范市场秩序、交通秩序。2024 年，闽宁镇共创建 368 户"美丽庭院"，清理 10040 吨建筑、生活垃圾，清理 689 吨农业生产废弃物，农村卫生厕所普及率达 72%，人居环境品质实现进一步提升。

危房改造、健康扶贫与教育扶贫是移民基础生计的重要保障。为严格保障住房安全，闽宁镇 6 个村的老旧房屋被列入危房改造项目，2018 年已完成验收 66 户。永宁县还将建档立卡贫困户全部纳入基本医疗、大病保险，县域内全部实行"先诊疗、后付费""一站式"结算。至 2019 年 6 月，闽宁镇实现建档立卡户家庭医生签约、基本医疗、大病保险、医疗救助、城乡基本医疗保险覆盖率 100%。此外，永宁县共有 143 名建档立卡贫困幼儿享受"一免一补"资助金和学前教育阶段助学金，共发放 17.16 万元，为 675 名义务教育阶段家庭经济困难学生发放助学金 97.05 万元，为 77 名普通高中贫困学生提供国家助学金 10.93 万元。同时，将闽宁地区教师编制调整为 90 个，大大缓解了闽宁镇教师缺编问题。

就业培训助力提升贫困户自我发展能力和致富信心。2015 年，永宁县共培训闽宁镇移民学习葡萄种植、烹饪、食用菌种植等 509 人，有效组织劳务输出 9026 人，人均劳务收入 11430 元。2016 年，闽宁镇劳务派遣公司就达到 16 家、劳务经纪人达 71 人。2017 年，闽宁镇开展"村头建厂"，原隆村、福宁村分别建设扶贫车间，创新居家灵活就业，实现就业"最后一公里"。2018年，闽宁镇8个扶贫车间中福宁村宁萧服饰、夏立派服装、宁闽服饰和原隆村2间扶贫车间投入使用，带动就业453人，其中建档立卡户118人。近两年，闽宁镇大力开展技能培训和实用技术培训，重点培训特色养殖、特色种植技术和驾驶员等方面。

产业扶贫是移民精准脱贫、实现脱贫致富的重要抓手。自2015年起，闽宁镇养殖扶贫、光伏扶贫、种植扶贫就已经得到初步发展并实现贫困户增收。2016年，闽宁镇投入资金25.5亿元，实施重点项目150个。目前，福宁、木兰、园艺、武河村共流转1.5万亩土地用于酿酒葡萄种植，带动周边农户就业；园艺村设施温棚园区50栋温棚已完工；木兰村养殖园区一期16栋牛棚已建成，二期24栋牛棚已完成18栋主体工程；原隆村设施园区50栋温棚建成并开始种植，1998户肉牛托管全覆盖项目年分红预计达到600余万元；玉海村设施温棚项目流转土地150亩，建设大棚50栋；武河村千亩优质桃园引进全国最大桃产业发展企业北京正果集团，流转武河村土地近千亩，完成种植860亩。2024年10月，由福建省大数据集团投资的星汉智能智造生产线首台（套）于2024年10月在闽宁产业园正式发布，从落地到开建仅用时半年，目前已生产3920套，产值7500余万元；总投资13.02亿元的闽宁"绿电小镇"示范项目，30项重点工程整体建设进度截至2024年12月已达到90%以上。

易地扶贫搬迁工作是脱贫攻坚的重点工作之一。永宁县共有生态移民2128户10001人，其中原隆村就有1998户9612人。"十二五"期间，自治区下拨永宁县各类扶贫资金移民搬迁资金达5.27亿元，主要用于移民建房、培训、交通、水电、产业、教育等方面的建设。闽宁镇原隆村作为典型的生态移民村，其基础设施与产业基础设施建设得到稳固发展。与此同时，永宁县专设劳务移民工作专班，与公安、招商等多部门联合，着力解决劳务移民住房、房屋确权、一户一档工作，积极协调落实低保、医保、残疾人保障、义务教育保障等各项扶贫政策。截至目前，闽宁镇已解决劳务移民"多代多人"住房困难146户，其中已分配公租房51户，个人购房95户。保乐力加工厂83户劳务移民住房问题已解决82户，其中80户整体搬迁至闽宁镇新镇区。

东西协作扶贫是助力西部地区打赢脱贫攻坚战的重要举措。立足闽宁两省区长远的互助基础，东西部扶贫协作取得重大进展。借助闽宁协作联席会议，《闽宁镇会议中心酒店合作经营项目框架协议书》《富贵兰（宁夏）实业有限公司建设项目协议书》《闽宁镇名特优产品展示展销合作项目协议书》等多项合作协议和村级对口帮扶协议得到确立。闽宁镇干部多次前往福建省福州市、厦门市，江苏省苏州市等地学习闽苏高质量发展经验，分别引进福建省厦门建发集团与海南海垦集团，积极推动落实闽宁会议中心项目与"出户入园"项目。闽宁镇精准使用福建援宁资金，2023年推动宁夏实施特色产业、闽宁示范村提升等项目292个，集中打造35个闽宁乡村振兴示范村，累计带动4.7万名农村劳动力实现就业，促进宁夏农特产品销售达52.16亿元。28年来，福建累计投入援宁帮扶资金61.32亿元，为助力宁夏贫困地区经济发展、社会进步、民生改善等发挥了重要作用。同时，闽宁两地还有交流互访、互派挂职干部、援宁支教、举办"闽宁情，塞上行"专场音乐会等活动，闽宁两地在人才支撑、民生保障、教育文化等方面实现向更宽领域、更大力度、更深层次的交流合作。

多措并举激发建档立卡贫困人口的内生动力。2017年，永宁县深入发掘脱贫致富典型案例，引导移民树立自力更生、脱贫光荣、扶贫不养懒汉的理念，对15户建档立卡自力更生优秀脱贫致富农户给予表彰奖励，每户奖励2000元。为充分鼓励劳务输出、增收致富的带动作用，永宁县表彰奖励优秀劳务中介公司3家，每家以奖代补5万元、优秀劳务经纪人9人，每人以奖代补3000元，有效提升了劳务组织及劳务经纪人的积极性。2018年"10·17全国扶贫日"，闽宁镇作为东西部扶贫协作的典范，列选为在北京举行的"决胜2020脱贫攻坚展"6个参展点之一。为进一步发挥贫困群众在脱贫攻坚中的主体作用，闽宁镇还制定出台《闽宁镇建档立卡贫困户"EP"量化工程实施方案》，通过整合援宁财政资金和社会帮扶资金合计 211.78 万元，实施内生动力（Endogenous Power, EP）量化管理项目，通过勤劳致富、重教兴家、技能提升、环境卫生、良好家风等 5 个方面进行量化定值考核，"EP"值可在由闽宁镇和企业达成合作协议的大型商超、电子商务平台、通讯等指定场所兑换同等价值商品。

通过以上努力，闽宁镇的减贫工作取得显著成效。2020 年年底，闽宁镇 6 个贫困村全部脱贫出列，累计脱贫退出建档立卡贫困户 1633 户 7046 人，新增和返贫为 0，村集体经济总收入超过 800 万元。同时，贫困户"造血"功能显著增强，实现了从"找不到致富路子"到"找准了致富路子"的转变。通过精准施策，依托产业扶贫、就业扶贫、教育扶贫等举措为贫困户稳定增收提供了坚实保障，为移民群众致富奔小康创造源头活水，有效激活贫困户内生动力，提升了群众参与社会治理的积极性。

闽宁镇在整个西海固脱贫攻坚战中占有重要位置。百万移民走出大山如何改变贫困面貌，闽宁镇提供了艰苦创业、发展致富的样本。经过多年努力，闽宁镇移民的思路从"迁得出、稳得住、致得富"转向"完善移民搬迁扶持政策，确保搬迁群众搬得出、稳得住、能致富"，其映射的扶贫理念彰显了我国精准扶贫的必胜信念。易地搬迁扶贫、东西部扶贫协作、精准扶贫保证了移民的生计安全和产业可持续发展。在国家移民政策的支持下，西海固移民在闽宁镇实现了命运转折，找到了脱贫致富的希望之地。

闽宁镇从干沙滩向金沙滩的转变成果显著。"闽宁示范村"经验被写入《中央打赢脱贫攻坚三年行动的指导意见》，东西协作案例成功入选国务院扶贫办"决胜 2020 脱贫攻坚展"。当前及未来一段时期，闽宁脱贫经验对全国各地移民搬迁安置工作、区域协调发展及未来的乡村振兴具有深刻意义，闽宁脱贫实践探索出了一条中国特色的扶贫道路，有助于巩固拓展脱贫攻坚成果同乡村振兴有效衔接，以及对向世界讲好中国故事具有重要的借鉴意义。

第二章　山海情：东西协作助蜕变

　　打好脱贫攻坚战是党的十九大提出的三大攻坚战之一。"让几千万农村贫困人口生活好起来"一直是习近平总书记心中的牵挂。为了这份牵挂，脱贫攻坚已成为习近平总书记亲自带领省市县乡村五级书记一起抓的"一把手"工程。在我们携手打赢脱贫攻坚战的历程中，涌现出许多体现中国扶贫智慧的地方方案。例如在 2004 年 5 月召开的上海全球扶贫大会上，东西协作扶贫作为中国最成功的 8 个扶贫案例之一在大会上交流，在国际社会引起了很大反响，被认为是具有中国特色的一种成功扶贫方式。

　　我国的东西协作扶贫可以说是历史悠久，东西协作扶贫政策源于改革开放初期邓小平同志提出的"先富带动后富"，以及国务院关于少数民族地区的对口支援工作的经验，在 20 世纪 90 年代中期实施"八七扶贫攻坚计划"期间正式提出并加以实施。东西协作扶贫历程可以分为三个阶段，分别是前期与准备、提出与实施、发展与深化（如图 2-1 所示）。

　　自东西协作扶贫实施以来，取得了不同程度的帮扶效果。黄承伟认为，近年来，东西部扶贫协作工作取得了新成效：健全了协作机制、优化了结对关系、强化了帮扶措施、拓展了协作方式。吴国宝认为东西部扶贫协作已经取得了巨大成效，但仍存在与精准扶贫、精准脱贫要求不相适应的问题，例如，新确定的协作区域增加了企业进入的难度、企业参与精准扶贫的方式和

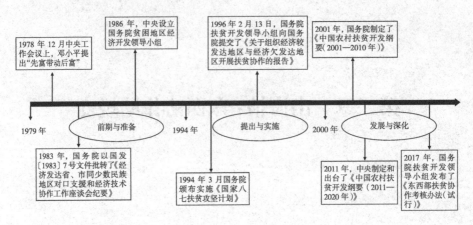

图 2-1 东西协作扶贫的发展历程

手段不足、东西部扶贫协作的统计和考核评估不能适应需要等。

从东西协作扶贫的具体实践来看，自 1996 年 9 月党中央决定实施东西对口扶贫协作以来，党中央组织东部地区支援西部地区，两地坚持"优势互补、互惠互利、长期合作、共同发展"的原则已走过 28 载。20 多年来，西部地区经济发展水平快速提升，基础设施条件显著改善，生活水平不断提高。东西部人民之间的交流日益频繁，涌现了一批先进的东西协作扶贫经验做法，例如"闽宁共建"扶贫模式，探索建立了联席推进、结对帮扶、产业带动、互学互助、社会参与的东西部扶贫协作机制。2018 年 6 月 5 日中央发布《中共中央、国务院关于打赢脱贫攻坚战三年行动的指导意见》，动员全社会力量参与脱贫攻坚，加大东西部扶贫协作和对口支援力度，提出要优化结对协作关系，实化细化县之间、乡镇之间、行政村之间结对帮扶措施，推广"闽宁示范村"模式。闽宁镇是"闽宁合作"模式的重点项目和示范工程、全国东西协作扶贫的示范镇，呈现了东西协作扶贫的丰硕果实。闽宁镇的建设和发展证明了东西部协作扶贫有利于动员全社会力量扶贫、在全国范围内实现扶贫资源的有效整合，促进东西部资源优势互补、实现东西部共同发展。"闽宁协作"模式 28 年来也经历了三个不同的时期：创立奠基阶段（1996—2002 年）、实践发展阶段（2003—2012 年）、提升创新阶段（2013 年至今）。

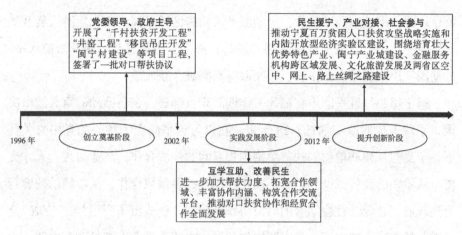

图 2-2　闽宁协作扶贫的发展历程

创立奠基阶段（1996—2002 年）：闽宁两省区坚持党委领导、政府主导的对口扶贫协作领导体制和省级年度联席会议制度，建立了省（区）、地方和县（市、区）三级扶贫领导机构和市县（区）结对帮扶机制，探索和实践了企业参与、产业协作、科技扶贫、教育扶贫、医疗卫生扶贫和公益事业、生态环境保护与建设等协作举措，开展、签署了一批对口帮扶协议，闽宁协作取得明显成效。

实践发展阶段（2003—2012 年）：闽宁两省区根据新时期扶贫开发的特点，先后召开了 10 次对口扶贫协作联席会议，以互助互学为主要方向，以保障和改善民生为首要任务，以宁夏"千村扶贫开发工程""整村推进""生态移民""内陆开放型经济实验区建设"为依托，不断探索新路子、培育新机制，进一步加大帮扶力度、拓宽合作领域、丰富协作内涵、构筑合作交流平台，推动对口扶贫协作和经贸合作全面发展。

提升创新阶段（2013 年至今）：闽宁两省区全面贯彻中央关于推进扶贫开发工作的决策部署和习近平总书记系列重要讲话精神，抓住"一带一路"重大战略机遇，突出民生援宁、产业对接、社会参与，积极推动宁夏百万贫困人口扶贫攻坚战略实施和内陆开放型经济实验区建设，围绕培育壮大优势特色产业、闽宁产业城建设、金融服务机构跨区域发展、文化旅游发展及两省区空中、网上、陆上丝绸之路建设等，进一步拓宽思路，提升协助水平，推动闽宁协作领域全面拓展，不断取得新突破、新成效。

闽宁镇是习近平同志在福建工作期间亲自部署、亲自推动的重大战略决策，承载着他的殷切嘱托。28 年来，在以习近平同志为核心的党中央关怀下，宁夏与福建从单项的扶贫解困到相互间的经济合作、产业对接、人才交流，从单一的经济援助到教育、文化、医疗的多领域合作，从单纯的政府行为到政府、企业、社会结合的对口协作新机制，创造出了"干沙滩"变成"金沙滩"的奇迹，走出了一条东西协作的脱贫之路、产业支撑的致富之路、生态优先的发展之路、民族团结的和谐之路。闽宁镇在东西协作方面的具体实践经验可以总结为以下几个方面：作为制度基础的联席推进、作为工作机制的结对帮扶、作为发展路径的产业带动、作为运行逻辑的互学互助、作为共同富裕的社会参与。

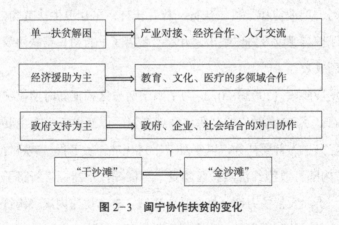

图 2-3　闽宁协作扶贫的变化

第一节　制度基础：联席推进

东西协作是促进国内区域协调发展的创新形式，但存在行政区域的体制划分和地理空间距离的阻隔难题，克服以上问题绝不仅仅限于基于理论方面的分析和探讨，而是必须要建立合作的制度基础。在"闽宁扶贫模式"方面，双方探索出了保障双方合作形式可以顺利开展的制度基础：建立联席会议制度。"闽宁模式"的联席会议制度这一创新性的制度设计加强了双方的联系与沟通，促进了双方相互学习借鉴经验，保证了东西协作的持续运转。联席会议制度体现了两省（自治区）领导的高度重视与正确领导，体现了闽宁协作模式的亮点：党委领导、政府主导、联席会议、共同决策。

　　在我国扶贫事业进入"八七"扶贫攻坚的重要阶段之时，1996 年 9 月召开了中央扶贫开发工作会议，在大会上作出了推进东西对口协作的战略新部署，其中确定福建对口帮扶宁夏。10 月，由时任福建省委副书记习近平同志为组长的"福建省对口帮扶宁夏领导小组"正式成立。11 月，第一次对口扶贫协作联席会议在福建省福州市召开，会议决定两省区政府每年举行一次联席会议，总结对口帮扶工作并协商解决有关问题，确定了建立扶贫协作发展基金（福建省援助资金）、市县对接帮扶、互派挂职干部、部门对口协作事宜，闽宁对口帮扶工作开始进入实际操作阶段。联席会议制度是双方领导决定扶贫工作安排与工作计划、讨论重大问题、统一扶贫机制、推进扶贫工作有序运转、签署帮扶协议的平台和载体。

　　1997 年 4 月，习近平同志来宁夏深入调研，提出了"以促进贫困地区经济发展为中心，以解决贫困地区群众温饱问题为重要任务"的对口扶贫协作指导方针，确立了"联席推进、结对帮扶、产业带动、互学互助、社会参与"的对口扶贫协作机制。同年 7 月，在时任福建省委副书记习近平同志的倡导下，福建、宁夏两省区在银川举办的第二次联席会议上确定，共同投资在吊庄移民点建设成立闽宁村，作为展示两省区对口协作成果的窗口和平台。闽宁村就是今日闽宁镇的前身。"2016 年 7 月 19 日，我和习大大坐在一起一共半个小时，聊了 26 分钟，他与我讲了闽宁村三个字是他亲口提出的，以及为什么叫闽宁村。闽是福建的简称，宁是宁夏的简称，福建对口帮

扶宁夏，在这搞一个移民村，所以叫闽宁村。"（谢兴昌，原闽宁村第一任村支部书记）

图 2-4　1997 年闽宁村奠基仪式

进入新世纪以来，闽宁互助互学对口扶贫协作会议从未中断过。2004年 10 月，在两省区领导的高度重视下，于福建省福州市成功召开了闽宁互学互助对口扶贫协作第八次联席会议。省委、省政府主要领导和有关部门、结对帮扶市县领导参加会议，时任宁夏回族自治区政府主席、时任党委副书记率领宁夏党政代表团一行 69 人赴榕参加会议并参观考察。会议全面回顾和总结了开展闽宁对口扶贫协作 8 年来的工作。并决定在新的形势下，双方要进一步扩大协作规模，提高工作水平，巩固协作成果，增强帮扶力度，创新帮扶机制，拓宽合作领域。会议议定，今后的对口扶贫协作，要重点围绕六个方面开展：一是实施项目带动，巩固和扩大扶贫协作成果；二是继续加大劳务合作力度；三是加快菌草技术向宁夏本地化发展步伐；四是继续坚持市县结对、双方互派干部挂职的成功做法；五是进一步推动两省区经济协作；六是进一步加强教育、卫生、文化等领域的交流与合作。两省区通过并签订《纪要》，商定当年安排 1500 万元资金无偿支持宁夏，这些资金主要用于扶持万户菌草产业工程，万名劳务输出人员培训工程，万名失学儿童救助工程，草养畜工程，坡改梯工程，特色种养业等项目。

近几年东西协作联席会议不断深入。2014 年，在闽宁两省区互助互学对口协作第十八次联席会议上，位于漳州台商投资区的角美镇与永宁县闽宁镇签署了结对帮扶协议。从此，这场"山海结盟"让远隔千里的两地像亲兄弟一般紧紧相连。联席会议不仅出现在福建省和宁夏回族自治区的省级层次，在县级层次也逐渐开始出现，例如闽宁镇所属的永宁县与漳州台商投资区明确每年召开一次两县乡镇联席会议，目的是加强交流，互学互助，探索和完善以市场为主导的各领域交流协作机制，使基层互助不断出现新成果。

"闽宁模式"的联席会议 28 年如一日，从未间断。每年开会的地点分别在宁夏和福建两地交替进行。联席会议制度使得"政企合作"成为可能，并动员了社会力量参与扶贫。2024 年 10 月 24 日，闽宁协作第二十八次联席会议在银川召开，共叙山海深情、共商闽宁协作，携手打造产业融合发展新样板，加强资源整合、品牌共创、园区共建、市场共拓，打响"山海情"文旅品牌。

一个具有政策制定、执行、督导和总结的完整合作组织制度体系才能有效推动合作的运行与发展。建立跨越地理边界与地方行政边界的"合作体系"一般比较困难，但"闽宁模式"建立的联席会议制度通过模糊或者拉近地理边界的形式，将福建和宁夏组成"发展共同体"，联席会议制度的主要行动作用是协调、部署。正如阿特·科勒—科赫提出的如果将区域内地方政府的合作视为"非零和博弈"时，实际上是权力再分配的一种形式，即集中的权力有利于解决共同的问题，增强区域成员政府的整体行动能力。每年召开一次的党政主要领导参加的联席会议共同商议每年扶贫协作的目标任务、政策措施、重点项目等。用"联席会议制度"的形式把闽宁协作关系固定下来，明确主体责任，具体工作目标，层层分解任务。

第二节　工作机制：结对帮扶

自进入"闽宁协作模式"新阶段以来，协作领域不断拓展，在闽宁第十八次对口扶贫协作联席会议上，福建和宁夏两省区决定发挥合作优势，继续推进闽宁镇经济社会发展，层层对接互助，福建省漳州台商投资区与宁夏永宁县签署对口协议：角美镇与闽宁镇建立帮扶关系；角美镇所辖六村与闽宁镇所辖六村建立交流合作关系——角美镇的鸿渐村、吴宅村、金山村、杨厝村、田里村、东山村分别与闽宁镇的福宁村、原隆村、园艺村、武河村、木兰村、玉海村结为互学互助对子，同时在教育方面也形成结对子的形式，闽宁中学与角美中学、闽宁二小与角美小学结成了共建对子。通过结对共建，搭建了东西协作平台，闽宁对口扶贫协作不断向基层延伸。层层结对子是东西协作扶贫工作能够深入基层，项目和资金能够到村到户的重要举措。至此，闽宁协作和东西协作出现"县与县的共建、镇与镇的帮扶、村与村的交流"的新局面。从原来的省区级结对帮扶，拓展延伸到县镇村，标志着东西协作"闽宁模式"的成熟。

28年结对实践，"闽宁模式"在结对共建的过程中探索了一种对口协作新路径——"3+1"共建模式，达成"产业对接、经济共赢、互助共进、共同发展"的思路。"3"是指永宁县与漳州台商投资区结对共建，进一步深化干部培训、产业发展、人才交流、教育医疗各方面的合作；漳州台商投资区角美镇与永宁县闽宁镇对口帮扶，推动闽宁镇产业壮大，助力脱贫攻坚，统筹城乡协调发展；角美镇所辖6个村与闽宁镇所辖6个村建立交流合作关系，探索加强民风建设、移民增收、改善民生方面的合作新机制。"1"是指永宁县在漳州台商投资区设立开放永宁建设的新窗口、新平台，以旅游合作、特色农产品销售、劳务输出为抓手，推动永宁县开放内涵式发展。"这样一来，有利于根据每个共建村、共建单位的实际困难，因地因人施策，以更加有力的举措和有效的行动，把帮扶工作做得更实、更细、更到位。"漳州台商投资区的一位书记评价道：闽宁镇作为闽宁协作的示范镇，继续扮演着基层结对互建的先行先试角色。

两地的结对帮扶体现在真金白银、真情实意、真抓实干中。2018 年 11 月 19 日，角美镇—闽宁镇村级帮扶协作资金资助仪式在台商区角美镇召开，会上角美镇 6 个村各出资 15 万—20 万元对口结对帮扶闽宁镇 6 个村，总资金达 100 万元；台商区与永宁县双方党政代表团先后进行多次的交流互访、高效对接、互学互促，不断完善两地互派干部挂职锻炼和定期交流机制。在两地市组织部门的大力支持和指导下，每年从角美镇和闽宁镇互派 1 名科级干部挂职，挂职期 1—2 年；同时，闽宁镇还定期选派村干部及致富带头人到角美镇进行为期一个月的考察学习。28 年来，福建先后派遣 230 名挂职干部和 4000 余名农业、科技、教育、医疗等专业技术人员，到闽宁镇招商引资、传经送宝。宁夏先后派出 22 批 380 多名干部到福建学习先进经验。

贫困问题从不同的视角出发会有多层次的发现，全球各地学者和政界关于贫困问题的研究经历了一个动态认识、发展的过程。朗特里和布思（1901）、英国学者汤森（1979），以及我国学者汪三贵（1994）、康晓光（1995）、关信平（1999）等都从"缺乏"的视角对贫困进行了界定，认为，贫困既是物质上的匮乏（维持基本生活的资料缺乏），也包括社会的、精神的、文化的缺乏。印度著名经济学家阿玛蒂亚·森（Amartya Sen，2011）从"能力"的视角出发，认为贫困是指缺乏维持个人或家庭最低生活水准的能力："贫困不是单纯由于低收入造成的，很大程度上是因为基本能力缺失造成的"。欧共体（1993）和世界银行（2001）则从"社会排斥"的视角界定了贫困的成因，认为贫困就是因为贫困群体的生产资料和生活资源的有限性，从而被排除在所在国家或地区普遍接受的最低限度的生活方式之外。贫困的表现形式是多样的、多方面的，在扶贫方面，政府应该不仅仅关注贫困人口的衣食住行问题，同时也应该关注贫困人口的精神、文化等其他方面的需求。为此，闽宁两省区在结对帮扶时，关注点也在不断扩展。

古人有"家贫子读书"的传统，习近平总书记也说："扶贫必扶智。让贫困地区的孩子们接受良好教育，是扶贫开发的重要任务，也是阻断贫困代际传递的重要途径"[①]。治贫先治愚。福建省与宁夏进行结对共建时，会特别重视教育方面。2015年10月，台商区捐资3000万元援建的闽宁镇角美小学竣工投用；2017年11月，台商区又注入资金200万元成立闽宁镇教育扶贫基金，每年以固定利润的方式，给予闽宁镇教育扶贫基金协会20万元，用于资助闽宁地区建档立卡贫困户子女就学。2019年，角美镇又募捐了280多万元的社会帮扶资金用于闽宁镇教育事业。永宁县教育局主任在访谈中提道："从教育来讲，福建每年来闽宁中学支教的老师都有十几个，他们经常

图2-5 台商区捐资援建的闽宁镇角美小学

---

① 习近平：《给国培计划（2014）北京师范大学贵州研修班参训教师的回信》，新华网，2015年9月9日。

把福建的一些优质资源移植到我们闽宁镇的学校。他们还联系福建的企业来帮扶我们，比如 2018 年的时候，来自福州一中的黄飞老师，他来之后看到这边眼睛近视的学生有很多，但是好多娃娃没钱配眼镜，于是他就联系了厦门眼科医院的专家和大夫到闽宁镇给闽宁一中和闽宁二中的 400 多名学生免费配眼镜，资金全是他们医院的，每一副眼镜应该是在五六百块钱的样子。他们过来配眼镜只有三天的时间，工作非常忙碌和紧张，这三天的时间他们基本上都在学校，从早到晚，中午都不休息。第一天在闽宁一中，第二天在闽宁二中。"给学生配眼镜体现的是优化教育资源配置，实现教育公平，以教育公平促进社会公平正义。

闽宁镇大多数贫困户是因病致贫，因此在闽宁结对共建时也非常重视健康扶贫。2019 年 7 月 17 日，台商区漳州市第五医院与闽宁镇卫生院结对，选派 3 名医生到闽宁镇支援。负责健康扶贫的闽宁镇卫生院副院长认为，"自从援宁医务人员过来以来，闽宁镇卫生院及医护人员都有了不同方面不同程度的变化，例如闽宁镇卫生院开始重视重点科室的建设，过来援宁的医护人员都很专业，每个科室分得很详细，我们乡镇的医护人员各个方面多多少少都会一点，但是没有一个精通的地方，过来援宁的医护人员都是在某一个专业或者某一个科室比较厉害的人，这样我们的医护人员很快就可以在某个专业或方向上提升业务能力。"2023 年以来，福建省援宁支医人员，已在当地诊疗门（急）诊患者 1.3 万余人次，住院患者 1.2 万余人次，开展住院手术 900 余台次，开展远程医疗 1500 余例。"闽宁协作"结对帮扶的平台发挥了重要作用，保障了人民群众的健康问题。

就世界范围来看，经济发展存在先后顺序，同理，国内各地区之间的经济发展水平和发展速度也是不一致的。但我国提出了一个创新性方案"先富带动后富"——"东西结对，帮扶共建"这是对区域发展理论的现实实践，是关于理论落地生根的实地研究。通过结对帮扶改变了市场力量所导致的区域发展过程的不平衡，改变了"强者恒强、弱者恒弱"的两极分化状况。

第三节　发展路径：产业带动

习近平总书记指出："发展产业是实现脱贫的根本之策。要因地制宜，把培育产业作为推动脱贫攻坚的根本出路"①。产业扶贫一直被认为是解决贫困问题最迅速、直接、有效的扶贫方式。有学者认为产业扶贫是贫困地区正在实践的有效扶贫模式，既解决了大市场与小生产的矛盾，又加速了贫困地区脱贫致富的步伐。韩斌认为产业扶贫是贫困家庭收入的主要来源，而且在一定程度上可以缓解贫困地区生态环境面临保护与发展的危机，有利于生态环境的可持续发展。应该统一规划、扩大规模，增大对群众收入的推动。刘北桦、詹玲认为产业扶贫是脱贫攻坚的重头戏，是脱贫的依托，是发展的根基。

众所周知，经济发展所带来的收入增加主要是依靠工业化和产业化来实现的，因此产业扶贫成为解决贫困问题的有力抓手。但工业化和产业化都具有诸多的制约条件，并不能够在任何地区随意地布局，因此需要因地制宜，因势利导。在28年的闽宁协作中，闽宁镇充分利用东西协作战略机遇，把沿海的市场、技术、资金优势与当地资源、劳动力和政策优势相结合，从开发建设帮扶和菌草种植起步，在荒原上建起闽宁扶贫产业园，为当地注入了现代科技；在闽商开发的十万亩葡萄种植基地上，劳务经济帮助移民脱贫致富；双孢蘑菇工厂、管材工厂、服装工厂等多产业百花齐放……通过产业上下游配套，建成全产业链条，这些使得当地产业和经济获得跨越式全面提升。

产业扶贫是脱贫攻坚的治本之策，闽宁镇因地制宜，根据当地优势挖掘

---

① 习近平：《解放思想真抓实干奋力前进　确保与全国同步建成全面小康社会——在宁夏考察时的讲话》，《人民日报》2016年7月21日。

适宜的新产业、新业态。在闽宁对口帮扶下，闽宁镇坚持把当地资源优势和用好市场机制结合起来，坚持"宜水则水、宜山则山，宜粮则粮、宜农则农，宜工则工、宜商则商"[①]产业发展路子，因人因户精准施策，为贫困户量身定制奖补扶持政策和其他政策支持。探索出了"4+5"产业扶贫模式，即政府、企业（合作社）、贫困户、金融机构（保险公司）等4方利益联结构建产业扶贫闭环，产生了"5金"效益（土地流转得租金、参与务工得薪金、参与经营得现金、年终分红得基金、政策奖补得资金）。通过"公司+""合作社+""土地入股""金融扶贫"等形式，产业扶贫模式实现多样化，经营主体带贫益贫效果凸显。全镇共计引进闽籍企业31家，闽宁现代循环农业科技示范园推行的"园区+企业+贫困户"带动模式，采取企业生产菌袋、农户管理出菇、企业回收产品统一销售的办法，带动19户建档立卡贫困户承包园区菇棚自主生产，户均增收1.5万元以上。每年利用玉米芯、玉米秸秆、苜蓿3000多吨，给周边农户提供收入180万元。

闽宁镇政府主要从两个方面来促成产业的落地生根。一是持续加强沟通交流。主动邀请福建等地客商来宁考察，精心做好洽谈对接及跟踪服务工作。积极与闽地客商对接，打通闽宁镇葡萄酒、牛羊肉等特色产品销售渠道，推动已签约的福建宏达盛白萝卜种植、厦门建发集团红酒销售项目、文化旅游项目、东西扶贫协作干部培训中心项目尽快落地建设；促成宁闽合发双孢蘑菇示范基地二期项目完成签约；力促农产品保鲜合作、赤松茸食用菌栽培及祥云银耳项目尽快签约。二是积极营造营商环境。如积极探索完善招商引资优惠政策，服务已落地项目，努力创造更加适宜经商、适宜创业的环境，让更多客商愿意来、留得住、能发展。闽宁镇特别制定了13条招商引资优惠政策，分别在税收、土地使用税和房产税、社保缴纳、基础设施建

---

① 习近平：《在郑州主持召开黄河流域生态保护和高质量发展座谈会上的讲话》，《人民日报》2019年9月20日。

图 2-6　酿酒葡萄种植基地

设、固定资产投资、销售运输、装修有不同程度的减免、补贴、奖励、补助等。

在助力产业发展方面，援宁干部付出了巨大的努力。援宁干部的主要任务之一是招商引资，尤其是引进福建企业，截止到目前一共引进了 31 家闽籍企业。扶贫干部在招商引资的时候会考虑闽宁镇的实际情况，"西海固搬迁过来的移民文化素质不高。所以引进的企业一般以低端产业和技术性产业为主，但是技术含量不能过高，一旦技术过高，就无法给当地村民提供工作岗位，无法在当地完成转移劳动力，因此主要引进的是以第一产业为主的企业，服装加工、服务业、配件的组装等技术含量较低的企业。"（厦门旅游集团挂职干部）

挂职干部给自己的定位是企业与政府、企业与村民之间的"桥梁"，主要工作是协调和延伸。扶贫干部联合闽宁镇政府、企业举办闽宁劳务就业培训 17 期，培训贫困人口 233 人次，帮助 214 名贫困人口实现就业。开展 14 次招聘活动，为当地群众提供就业岗位。挂职干部总结道："产业扶贫给当地村民带来三个方面的好处，首先是解决就业问题，如果是就近务工的话，还可以解决家庭照料问题。第二，转变思想。扶贫先扶志，最重要的是村民思想的转变，走出去看看总能开阔视野，增长见识。第三，引进技术。比如在富贵兰服装厂工作的工人学会了技术之后，可以给周围村民缝纫衣服，赚取外快。"同时挂职干部还做了消费者和企业、村民等生产者之间的"桥梁"，尤其在疫情期间，李镇长帮忙做起了电商扶贫，开通抖音号直播带货。

第四节　运行逻辑：互学互助

2016 年 7 月 20 日，习近平总书记在东西部扶贫协作座谈会上的讲话中指出，新形势下，东西部扶贫协作和对口支援要注意由"输血式"向"造血式"转变，实现互利双赢、共同发展。① 在东西协作中，不仅东部地区为西部地区提供资金、物资等帮助，由于西部地区资源富集、投资市场广阔、消费潜力旺盛，西部地区也能为东部地区带来重要的发展机遇。因此，东西协作最理想的状态不仅仅是完成帮扶工作，而是实现优势互补、互学互助、共同发展。

干部、群众是两省区之间互助互学的"连接桥"，这 28 年里，闽宁两省区干部、群众手牵手、同呼吸、共命运、风雨兼程、砥砺前行，将闽宁镇建设成为东西部协作的成功范例。不断加强人才协作。开展文化、教育、科技、卫生、人才多领域合作，完善结对共建、结对帮扶、互派干部挂职、互设交流展示窗口等机制，全方位提高闽宁协作水平，在人才支援与交流方面上新台阶。人才交流实现精准使用。2016 年以来，福建坚持宁夏所需、福建所能的派人原则，根据挂职干部工作岗位和专业特长，因人明确挂职岗位，做到有职有位、人岗相适。

---

① 习近平：《在东西部扶贫协作座谈会上的讲话》，人民网，2016 年 7 月 20 日。

以 2020 年为例，在党政干部交流方面：福建省组织部选派 2 名干部到闽宁镇交流，其中处级干部 1 名，挂职永宁县委常委、闽宁镇党委副书记；科级干部 1 名，挂职闽宁镇党委副书记。10 月，厦门市另选派 2 名干部赴闽宁镇交流，服务期限 1 年。其中处级干部 1 名，挂职永宁县副县长、闽宁镇党委副书记；企业干部 1 名，挂职闽宁镇副镇长（两位同志为技术干部）。以上 4 名同志均分管或协管扶贫协作工作。闽宁镇也选派 1 名科级干部赴漳州台商投资区角美镇交流，挂职角美镇党委副书记。在专业技术人才交流方面：福建省选派 13 名技术干部赴闽宁镇交流，其中技术干部 2 名，漳州第五医院选派医生 3 名（帮扶时间为 6 个月），教师 8 名。"通过挂职锻炼和交流学习，有效提高了两地干部的实践经验和自身的综合素质，使一批务实担当、吃苦耐劳、敢于奉献的优秀年轻干部脱颖而出，既培育了基层一线后备人才，也夯实了基层组织基础。"（漳州台商投资区角美镇党委副书记）

"闽宁模式"在结对共建中直接精确到村。角美镇吴宅村与闽宁镇原隆村建立联系后，两村往来紧密。角美镇吴宅村村支部书记已经三次到访闽宁镇，成了闽宁镇的熟人。两镇结对互助之后，吴宅村是第一支主动前往互学村——原隆村学习交流的村。吴宅村主任介绍说，2017 年 9 月下旬，他带队前往闽宁镇，进行了为期 5 天的学习。他们一到闽宁镇，就受到了质朴而热烈的欢迎，感觉像是回到了自己村里一样。在结对的闽宁镇原隆村，两个村交流了党建工作，观摩了原隆村的村域产业配置。陈长川认为，"原隆村的村两委制度健全，村容村貌整洁，群众精神面貌很好，产业布局密集丰富，移民新村的发展超出想象，给吴宅村提供了很好的借鉴。"从宁夏回来后，专门召集吴宅村村两委开会交流考察心得和体会，介绍闽宁镇和原隆村发展经验。他们表示，每次遇到熟悉的闽商和台商，总会尝试说服他们去闽宁镇考察。他们对闽宁镇的热情溢于言表，并且一直强调两个村是互学互助的关系。西部计划志愿者也提到，"东西协作是两地互相学习的过程，宁夏也有很多值得福建去学习的地方，东西协作为两地互相学习互相帮助提供了平台。福建从闽宁镇学到的不只是知识上的东西，还有为人处世，认识的每一个人和交往的每一个朋友都是一段宝贵的经历。"

福建来闽宁镇的支医人员也一直保持一种互学互助的态度。"医疗技术是相互探讨的过程，两地的方法技术是不一样的，在医学上有一些技术会水土不服，需要配合当地的情况，比如同样的技术心肺复苏，两地还会有一些小差异，会有一点侧重点，但是不能说谁对谁错，只不过是侧重点不一样，都是根据当地的实际情况探索出来的。在这边也了解了很多当地的地方病，比如由于长期摄入高钠，高血压病人会比较多；当地很多食物都放辣椒，对胃肠道的刺激比较大，会有一些消化性的疾病，例如胃溃疡、胃炎之类的；再一个是儿童贫血问题，他们不吃猪肉，以牛肉为主，但又不是经常吃牛肉，这就造成小朋友营养不均衡，出现贫血的现象。"（漳州市第五医院护士）不管是在医疗方面还是在党政、教育方面，每个地方都有其本土经验和地方智慧，都值得双方相互学习。

互学互助学的是经验，学的也是精神。是福建人的"爱拼才会赢"的奋斗精神，宁夏人"不到长城非好汉"的革命精神。有福建挂职经历的闽宁镇民生服务中心主任感叹道，"从我自己来说，挂职经历使自己开阔了思路和眼界，丰富了想法。我们闽宁镇相对于角美镇是落后的，有时候就会思考人家老百姓的产业是怎么发展的，两地之前的发展路径的区别与差距到底在哪里？另外自己也特别欣赏角美镇干部经常说的一句话：爱拼才会赢，没有条件，创造条件也要干。我们这边是文件上规定了什么我们就干什么，没有创新性，他们是文件上没规定什么不能干的，他们就能干，只要政策上没有规定不能干的就可以干。"

2020年7月去角美镇交流学习的原隆村村书记回来也感悟颇深，认为东部地区的产业、工业发展可能是西部地区短时间内赶不上的，包括村集体的管理、经营、模式、理念等都有值得学习的地方，"我们这边地方小，制度严，角美镇那边的制度比较灵活，有一些工作不用走那么多程序，只要想干大家同意就可以干了，而我们这边需要走很多的审批程序。比如现在村上要搞一个项目，村上先开会，开村两委会，再开党员大会，党员大会同意之后，需要开村民代表大会，还需要镇上同意，镇上再开党员大会同意，还需要一系列程序，包括和领导请示、说明。人家是村上想要做事情，直接定好就可以干了，人家村上也有钱。比如人家开会，微信群里的一个通知，可以直接在微信里买机票，报销的时候直接用微信截图就可以，在灵活中大大提高了工作效率。而我们这边是领导发通知之后，需要先写请假条，镇上领导要批，县上领导要批，组织部要批，纪委要备案，等于四个人要签字，回来的时候再找这四个部门销假，都需要见面签字，不可以线上签。"

互学互助中的"互助"体现在两地交流协作的点点滴滴上，闽宁镇为角美镇提供大量劳动力，同时角美镇也解决了闽宁镇人民的就业问题；闽宁镇把最甜的瓜送给最亲的人，同时角美镇也解决了闽宁镇的农产品销售问题等等，角美镇为闽宁镇带来了技术、人才、资金，闽宁镇也在努力跟上角美镇的步伐，把自己最好的、最珍贵的东西展现给自己的兄弟乡镇角美镇，就像一个大家庭中的哥哥带着弟弟一起互学互助，共同成长。

第五节　共同富裕：社会参与

我国在脱贫攻坚战这一创举中的另一创新与关键点是在反贫困实践中纳入社会参与的实施机制，社会参与脱贫攻坚的状况将会直接影响到扶贫的效率和效果。习近平总书记在河北省阜平县考察扶贫开发时的讲话中提到，"要大力弘扬中华民族扶贫济困的优良传统，凝聚全党全社会力量，形成扶贫开发工作强大合力。"①"人心齐，泰山移"，脱贫攻坚不仅仅是贫困地区的

---

① 习近平：《在河北省阜平县考察扶贫开发工作时的讲话》，人民网，2012 年 12 月 29 日。

战役，也是全社会的战役。同样，脱贫攻坚的胜利不能仅仅依赖政府，更需要动员全社会力量的参与。闽宁镇是东西协作扶贫的典范，也是国家关注的重点扶贫地区。从闽宁东西协作扶贫"政社协同扶贫"的现实实践来看，社会参与的主体、社会参与的方式、社会参与的政策宣传及监管与评价方面都有一定的创新。在"闽宁模式"中动员社会参与的具体方式有：通过搭建社会参与的平台、打造扶贫公益品牌、开展扶贫志愿者服务等拓宽社会参与渠道；通过落实相关扶贫财政、税收政策，完善社会扶贫表彰和激励机制；通过利用权威和主流媒体开展宣传，创新扶贫宣传，营造扶贫济困浓厚社会氛围；等等。

角美镇与闽宁镇的结对共建关系确立后，双方积极探索"政府推动，社会支持"的帮扶格局。角美镇迅速发动辖内民营企业、台商企业家以及社会各界捐资，投入200万元用于闽宁镇城市规划设计，投入3000万元可用于援建闽宁镇角美小学；积极打造扶贫公益品牌，建立扶贫车间，发动国有企业及部分民营企业工会部门采购闽宁镇特色农产品、特色手工艺品等；同时积极探索拓宽社会参与渠道，招募西部开发计划志愿者参与闽宁镇建设。为搭建社会参与平台，拓宽社会参与渠道，角美镇和闽宁镇探索了线上、线下相结合的方式。

首先是线下参与平台，福建漳州台商投资区角美镇有一个特殊的建筑——闽宁扶贫协作展厅，占地450平方米，是角美镇与闽宁镇联合建立起来的，它负责在角美镇把闽宁镇特产推向远方。闽宁扶贫协作展厅坐落于角美镇最繁华的龙池广场购物中心，龙池广场每天人流量超过8万人次。但凡从龙池广场上走过的人，不必抬头就能看到龙池购物中心的大楼。龙池购物中心入口处右侧的"闽宁扶贫协作展厅"的牌匾格外醒目。角美镇的闽宁扶贫协作展厅着重介绍了闽宁协作示范镇——闽宁镇的发展历程和建设成就，建设整体充满宁夏元素。墙壁上的图片讲述着闽宁协作给宁夏西海固带来的巨变，展厅的展台陈列着闽宁镇特色产品，展销枸杞和葡萄酒的展区设有顾客品鉴区，目前漳州市经济发展有限公司已经接管了闽宁扶贫协作展厅，这家国企今后主要工作是把闽宁镇的葡萄酒和枸杞送到更远的地方。

其次是线上参与平台，西部扶贫开发志愿者为闽宁镇发展带来了创新性线上社会参与方式。第一，组织互联网电商培训，通过联系一家互联网企业来闽宁镇做电商培训，解决了贫困户农产品销售难的问题。"当时闽宁镇农副产品缺少销路，我就想到了可以通过直播带货，通过电商平台带动销售，这恰恰是闽宁镇所缺少的方式，因此，便组织一家互联网企业来闽宁镇做电商培训。"第二，建立了乡镇微信公众号——"闽宁镇人民政府"，"2019年8月来到闽宁镇工作，之前在学校主要的工作就是做公众号，过来之后发现闽宁镇没有乡镇的公众号，自己主动向领导申请开通这样一个微信公众号，整个公众号是自己一个人负责运营，主要展示闽宁故事、扶贫概况、扶贫政策、就业招聘等。"第三，创建抖音公众号——闽宁视角，宣传闽宁镇的独特风光和优美景色，主要目的是把闽宁镇宣传出去，带动当地旅游业发展，同时向社会展示闽宁镇的发展现状、东西协作的扶贫成效，动员更多的人参与到西部扶贫大开发项目，打造闽宁扶贫新渠道。

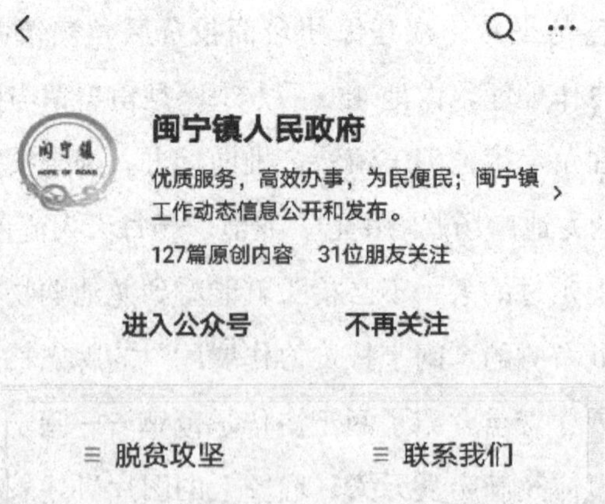

闽宁镇人民政府

优质服务，高效办事，为民便民；闽宁镇工作动态信息公开和发布。

127篇原创内容　31位朋友关注

进入公众号　　　不再关注

≡ 脱贫攻坚　　　　≡ 联系我们

图2-7　闽宁镇人民政府微信公众号

　　两地还持续深化企业人才工作队常驻机制，角美镇派遣龙头企业人才到闽宁镇进行企业帮扶，积极探索建立"市场主导、互助互学、各领域交流"的协作机制，切实打通人才帮扶"最后一公里"。帮助闽宁镇培训致富带头人和富余劳动力，目前已完成培训 4 批次 120 余人；定期组织福建企业到闽宁镇考察，寻求项目合作机遇，已组织 3 批次 40 余人，形成农业增效、群众增收的"好局面"。2018 年 5 月 1 日，在闽宁镇综合市场举行的闽宁镇·角美镇劳务协作专场招聘会上，角美镇辖区内多家龙头企业在闽宁镇开展精准扶贫转移就业专场招聘活动，为闽宁镇贫困劳动力"送岗位"，共提供 1000 余个就业岗位。角美与闽宁两地在探索更多合作途径，从"扶贫"走向"共赢"。

　　在过去三十多年的扶贫开发中，党和政府采取了众多行之有效的扶贫政策，农村贫困状况得到了有效缓解，但在新时期下，农村人口的脱贫攻坚已不是仅仅依靠政府就能解决的，社会力量的参与也是非常必要的。习近平总书记于 2018 年 2 月 12 日在打好精准脱贫攻坚战座谈会上的讲话中指出，"坚持社会动员，凝聚各方力量。脱贫攻坚，各方参与是合力。必须坚持充分发挥政府和社会两方面力量作用，构建专项扶贫、行业扶贫、社会扶贫互为补充的大扶贫格局，调动各方面积极性，引领市场、社会协同发力，形成全社会广泛参与脱贫攻坚格局。"[1] 在社会帮扶方面应该充分利用线上线下相结合的方式，开通多形式的宣传方式，疏通多类型的社会参与渠道，为更多爱心人士、爱心企业与农村贫困人口打通相互对接的"最后一公里"。

　　塞内加尔谢赫·安达·迪奥普大学教授马马杜·法尔长期从事中国扶贫政策的研究，他在观察比对后认为，闽宁镇是中国扶贫的最好案例，从改革开放到脱贫攻坚，中国政府始终在领导全国人民通过艰苦奋斗实现自身发展，这种努力值得学习。中国政府不断改善民生，东西协作、共同富裕的扶

---

① 习近平：《在打好精准脱贫攻坚战座谈会上的讲话》，《人民日报》2018 年 2 月 12 日。

贫模式对非洲乃至全球都是榜样。闽宁镇以其沧桑巨变在描绘着我国扶贫开发的伟大创举，闽宁协作的创造在无声中讲述着中国人民追求共同富裕的理想，东西协作的闽宁模式在考验中彰显了社会主义制度的优越性。闽宁镇是我国扶贫事业的缩影，更是我国各地区人民团结一致、亲兄弟一般"命运共同体"凝结而成的关于东西协作的情感和信念的故事。

东西协作不仅仅是完成帮扶工作，更是实现坚持优势互补，实现共同发展。东部发达地区具有资金、技术、人才、管理等优势，"西部地区资源富集、投资需求旺盛、消费增长潜力巨大、市场广阔"[①]，协作双方在合作中要把二者的优势结合起来，实现优势互补。习近平总书记评价东西协作"这是个战略决定"，先富帮后富实现共同富裕，这更有利于我们国家的稳定、民族的团结，是一件有意义的事情。坚持东部发达地区加大扶持力度与西部贫困地区自力更生相结合，尊重市场经济规律，充分发挥市场在资源配置中的基础性作用，强化政府在管理和服务中的指导性作用，企业在产业发展中的带动作用，社会参与在扶贫中的积极性作用，不断创新扶贫协作机制、健全扶贫协作体系，提高扶贫协作成效，实现互惠互利，共同发展。

---

① 习近平：《在东西部扶贫协作座谈会上的讲话》，人民网，2016 年 7 月 20 日。

第三章　康庄道：移民发展谱新篇

易地扶贫搬迁是我国扶贫开发的重要内容。易地搬迁是解决一方水土养不好一方人、实现贫困群众跨越式发展的根本途径，也是打赢脱贫攻坚战的重要途径①。易地搬迁要让移民"搬得出、稳得住、能致富"，这是一项巨大的历史工程。在各级政府层面，需要完善基础设施建设，为移民提供良好的生产和生活条件；需要加大政策扶持力度投资区域社会经济发展，为移民营造稳定的就业发展环境；需要加强农村基层党组织建设，提高农村社会治理能力和治理水平，为移民打造安定有序的社会环境；需要发展壮大农村集体经济，增强移民村庄的"造血"功能。对于移民自身而言，易地扶贫搬迁不仅仅是居住地点的改变，更是迁出地向迁入地的嫁接和重置，面临从搬出来到融进去的两地适应过程。社会融合是"不同个体和个体、不同群体之间、不同文化之间相互配合相互适应的过程"，基于心理和文化层面的适应是移民社会的高度融合。由于两地生活环境和社会文化的差异，移民必然面临着对原有社会文化传统和社会习惯的抛弃，努力适应新的生活。移民适应具有不同类型和不同阶段，需要从日常生活适应到劳动生产适应，再到心理归属

---

① 习近平：《扎实做好"六稳"工作落实"六保"任务　奋力谱写陕西新时代追赶超越新篇章》，新华社，2020年4月23日。

适应、文化认同适应，最终达到社会融合。

　　闽宁镇的移民搬迁具有历史特殊性，是一个"从无到有"的过程，这个过程包含了开发初期的自发移民拓荒和"十二五"移民整村搬迁两个阶段，也包含了汉族和回族两个民族的易地搬迁融合过程。在移民初期，闽宁镇是一片荒凉的戈壁滩，第一代自发移民为了更好的生计方式，带着期望在戈壁滩上搞开发，来自不同县乡镇、不同民族的移民在生活中互帮互助，共同开发了这片土地，不仅促进了当地社会经济的发展，也形成了属于他们共同的生活记忆和文化认同。2012年后，生态移民和劳务移民进入闽宁镇。在已有治理基础上，来自不同县域、不同民族、不同文化的山区移民在基层政府和村级组织的统筹帮扶下，很快适应灌区的生活，走向共同融合的发展之路。移民不仅实现了经济的融合，也逐渐实现了文化、身份和心理的融合。现在，他们有了共同的名字叫闽宁镇人。

第一节　再回首：闽宁镇的易地扶贫搬迁

一、自发移民来拓荒

（一）干沙滩上搞开发

　　1990年10月，1000多户来自山大沟深、生活和生产条件均极为恶劣的西吉和海原的移民来到闽宁镇，建立了玉泉营和玉海经济开发区两处吊庄，这也是闽宁镇的前身。移民开发的生活并不如人们想象的美好，"天上无飞鸟、地下不长草、十里无人烟、风吹沙砾跑"是当时闽宁镇生存条件的真实写照。移民说："搬迁真难，难于上青天"。

　　政府鼓励西海固有意愿、有能力的青壮年自发搬迁，给予符合条件的移民2亩庄园、6亩耕地，这些土地实为荒凉的戈壁滩，移民需要自己投资和开发。初期，移民不仅要自建房屋，还要平整田块、改良土壤、培肥地力，需在开发土地上投入大量人力、物力、财力，经济基础差一点的农户没有资金建房，吃饭都成问题，更不用谈土地开发了。开发土地的成本高昂，"一亩地仅水费一项就高达 30 多元，加上种子、化肥、农药、耕种等费用，亩均投入超过百元"。在艰苦的山区条件和待开发的戈壁滩之间，移民的内心在不断地博弈。第一代自发移民回忆 20 世纪 90 年代的移民生活，"当时的老百姓真是苦瞎了，从贫困山区搬来的人都坐不住"。"没有任何绿化，冬天和春天的风沙一直吹，风沙打在脸上直叫人疼，刚刚开好的路，一夜之间被沙子重新覆盖。风一吹，人实在是没有办法，吃饭的碗底都是沙子"。"那碗看着大，其实里边的饭很少，都是汤，看着没人的时候盛到碗里，把漂浮的沙土吹到另一边，赶紧端起来喝，饿的都不知道那饭烫不烫，吃完之后嘴上全是泡。沙子和灰土很多也进了肚子，从缸里舀一瓢水漱一漱口，把嘴里的沙子弄出来，才能不硌牙"。因此，许多移民因忍受不了开荒的辛苦出现返迁现象，还有部分移民抱着尝试的心态继续开发土地。有些移民为了快速改良土壤，不惜从几十里外的青铜峡和银川市运土，把运回来的土铺在自家的土地上，形成土地作业层。由于新开发的沙土改良成本大、周期长，移民一方面依靠妻子在老家种植的粮食作为维持生存的基本保障，另一方面依靠迁入地周边的务工收入改良土壤。与此同时，政府为保障移民的基本生活，出台了相应的扶持政策，如移民在开发土地上享受免农业税 5 年，原宅基地和承包地、户籍可以在迁出地保留 3 年，迁入地分得的土地享有承包经营权，可以继承和有偿转让使用权等，保障农户"两头有家，来去自由"，使自发移民有充足的空间和时间适应易地扶贫搬迁生活。

（二）金沙滩上能致富

原闽宁村党支部书记是从南部山区搬迁到当时闽宁村的第一批移民，也是第一户。他说："搬到闽宁村，只要勤快、不要偷懒、好好干，绝对是个好地方，绝对是养活人的地方。虽然闽宁镇前期开发困难，但要有决心、信心、恒心，人能稳得住，又能扎下根。要抱着一个发展的眼光，鼠目寸光永远发展不起来"。面对荒凉的戈壁滩，为何认定它一定是个好地方？因为他看到了发展的希望。希望来源于福建和宁夏各级政府的大力扶持。

在移民搞开发、搞建设的同时，政府不断加强自然环境改善和基础设施建设，引进专家技术人才教授先进的种植技术改变农户的种植结构，从而改善移民的生产和生活条件，让移民能够"稳得住、能发展、可致富"。一方面，政府开展防治风沙、农田防护林建设等工作，改善粮食种植环境；另一方面，政府采取灵活的方式培训农民，提高农民在灌区的种植技术。借助于1996年起福建对口帮扶宁夏的机遇，政府加大鼓励农民种植葡萄、蘑菇等经济作物的扶持力度，福建挂职干部和技术人员手把手教农户种植经济作物发展产业。

图 3-1　土地种植变化图

经过3—5年的坚持，第一代自发移民终于收获了劳动的果实，干沙滩逐渐变成能致富的金沙滩。首先，土地种植粮食的产量开始超过老家山区土地种植粮食的产量；其次，农户在政府产业政策扶持下，开始建大棚、种果树，农民收入稳步提升；最后，政府鼓励民营企业发展，为移民提供了创业致富的发展机遇，有能力的移民已经走向了致富的道路。随着生活条件的逐步好转，移民不断改善居住条件，居住的土坯房换成了砖瓦房，砖瓦房换成板房，板房换成二层小楼房，生活越过越好。来自海原县的生态移民梁叔说："九十年代下狠心搬迁的人，现在过得很富"。闽宁镇副镇长说："这批人现在是站在移民金字塔顶端的人"。自发移民的艰苦奋斗精神得到了所有移民的充分认可与尊重。

自发移民的拓荒史是重建家园的历史，他们具有很强的内生动力和致富能力，不仅为更多移民搬迁起到了示范和带头作用，更是通过自身努力实现了脱贫致富，也为地方经济发展和持续脱贫带贫作出了贡献，得到了当地群众的一致认可。闽宁镇自发移民内生动能的激发和应用是扶贫开发移民脱贫的典范。

二、政策移民搬新家

（一）挪穷窝

"十二五"以来，闽宁镇统筹规划和安置来自原州区和隆德县的"十二五"移民。"十二五"移民分为生态移民和劳务移民，政府针对两类移民开展有针对性的建设和搬迁工作。相较于自发移民，这两类移民属于整村搬迁，不需要移民在迁入地搞开发建设，搬迁时迁入地已经有了较为完善的基础设施和住宅条件。

图3-2 人居环境变化图

生态移民的主体分别安置在原隆村和武河村。原隆村 2010 年开始规划建设，2012 年 5 月正式实施搬迁，一直持续到 2016 年，共安置原州区、隆德县 13 个乡镇 1992 户 9612 人，回族约占 33%，汉族约占 67%，是永宁县最大的生态移民村。为保持回汉民族风俗习惯，增加移民在迁入地的归属感，原隆村设计将回族和汉族的住宅区分开。移民每户分到 0.4 亩宅基地、54 平方米住房和 0.6 亩耕地，配备了水、电、路、围墙、大门、绿化等一系列基础设施。住房以农户自费 12800 元加政府补助剩余额度的方式分配。根据家庭人口情况，农户可以在宅基地上扩建房屋、发展庭院经济，较好地满足其日常生活需求。武河村安置生态移民 30 户 156 人。由于地理位置、周边产业发展和就业机会不如原隆村，为平衡资源分配，武河村移民每户分得 0.6 亩宅基地、54 平方米住房、1 亩耕地和 1 座大棚。2013 年开始，闽宁镇建立永安小区实施劳务移民搬迁工作，以每户 12800 元的价格配置 54 平方米的单元房，共安置原州区和隆德县 489 户 1923 人。劳务移民的主体是 45 岁及以下的核心家庭，每户迁移数控制在 5 人以下。

搬迁后，移民的生活环境有了很大的改善，对待生活的态度也更加积极乐观。原隆村村支书说："移民搬迁时，农民都很贫困，家里的房子都是土坯房，土坯房上的木棒都舍不得扔掉，一起搬过来了"。原隆村移民海国宝说："刚进新房时，灯一拉是亮的，水龙头一拧是有水的，进屋就能做饭，简直太方便了。"原隆村移民说："再也不用上山下沟了，在老家的时候，人老了腿脚不方便，一般都很少出门，现在家门口就是宽敞的水泥路，交通也方便，想去哪里就去哪里。老家山路比较窄，开不了三轮车，现在开着三轮车买菜几分钟就回来了，太方便了。以前一下雨，房子就漏水，生怕它塌了，现在再也不用担心这些问题了。能过上这样的生活真的是想也不敢想，挺满足的。"

（二）换穷业

搬迁前，移民的收入来源主要是粮食作物种植和少量务工，年人均可支配收入不足 500 元，家庭收支一年基本相抵。搬迁后，如何让移民能够有稳定可持续的收入来源，实现"搬得出、留得住、能致富"，成为闽宁镇面临的最重要的问题。政府通过提供资金、资产、资源、劳务、技术、信息服务等多途径带动移民参与多元产业发展。

首先，闽宁镇政府鼓励和支持企业优先雇佣本地劳动力，吸纳更多农村贫困劳动力和劳务移民就业，为移民提供了相对充足的就业机会，移民从农民变成产业工人，工资性收入大大提升。其次，闽宁镇坚持"资源变资产、资金变股金、农民变股东"的思路，一方面巩固推动村级集体经济发展，使全镇村集体经济收入超过 600 万元，为农民分红；另一方面通过职业技能培训和劳务经纪人组织带动，以掌握"一技之长"增强贫困户发展能力建设，保障贫困户脱贫增收。另外，为进一步拓宽农民增收渠道，增加移民收入，闽宁镇贯彻"政府引导、党支部引领、企业带动、群众参与"的方针引导产业发展，尤为注重益贫性的地方特色优势产业培育，形成了"村集体＋公司＋农户"的共享发展模式，农户可以在地学习种养殖技术，并承包村集体大棚种植和"出户入园"，如果经营效益好，年收入可达上万元。通过多措并举，易地扶贫搬迁后农民家庭收入大幅提升，就业选择机会和收入来源也更加多元，基本构建起防止返贫的长效机制。2020 年，原隆村全村人均可支配收入增长到 8540 元，村集体经济收益达到 147.4 万元。

表 3-1　移民收入来源对比

移民前	移民后	
传统种植	传统种植	现代种植
传统养殖	专业养殖	个体经营
外出务工	外出务工	本地务工
	土地出租	入股分红
	其他	

（三）兜穷底

为了切实解决移民的教育、医疗、住房等问题，闽宁持续加大扶持力度。精准扶贫以来，闽宁镇共改造农村危房 38 户，新建安置房 1380 户，村村实现学校、卫生室、文化中心全覆盖，6 个行政村 6584 名适龄儿童全部就近入学，城乡居民养老保险和医疗保险参保率均达到 100%。

针对残疾人群体，政府联系各村和社区干部积极为残疾人讲解政策，为他们办理残疾证以便及时享受相关政策。针对劳动力弱、无人照料的老年人群，各村筹建了兜底保障服务中心和老年餐桌，并宣传和落实了多种方式的社区服务照料，让年轻人能放心外出务工，老年人能在村生活舒适。针对有意愿、有能力的老人，各村和社区为其提供公益岗位，既保障了老年人的基本生活，也能发挥老年劳动力的作用。

第二节　安全网：多方位政策扶持

"十二五"以来，我国针对易地扶贫搬迁，提出两个专项规划，即"整村推进"和"扶贫移民"。易地扶贫搬迁有了新的政策瞄准转向，一是移民搬迁要加强农田水利、人畜饮水、乡村道路等基础公共服务设施及村级领导班子的建设，注重移民生产和生活条件的改善；二是移民搬迁更加注重整体性和规划性，强调要增强贫困村的自我发展能力，以优势产业开发为重点，让移民群众"能发展、可致富"。

一、逐步完善基础设施

闽宁镇距离宁夏首府银川仅 60 公里，具有优越的地理优势和经济发展条件。20 世纪 90 年代以来的扬水工程建设为闽宁镇创造了便利的灌溉条件，防风固沙林、护渠路、护田林网等工程也逐渐改善了闽宁镇的生产和生活条件，从西海固来到闽宁镇的移民生活已经发生了翻天覆地的变化。

首先，闽宁镇高起点、高标准修编完善了《闽宁镇总体规划》《闽宁镇经济社会发展规划纲要（2015—2020）》《闽宁镇新镇区规划》和6个行政村的美丽乡村、富民产业规划，形成了从镇到村、从基础设施到产业发展、从公共服务到生态保护等全方位、全领域、全系统的规划体系，引领闽宁镇可持续发展。在闽宁镇规划建设中，注重基础设施建设，在全区农村率先实现村村通宽带、通硬化路、通自来水，建成镇内"四纵五横"、外连省道高速的交通网络，开通了直达首府银川市区和移民迁出区（市）县的公交线路，一改过去"晴天一身灰，雨天一脚泥"的交通状况；对街道、商铺以及建筑集中改造提升，规划建设了镇中心广场、闽南风情商业街等一批标志性建筑，让移民群众和福建客商、援宁工作人员都能记得住乡情。注重生态环境建设，持续开展生态修复、防沙治沙、农田林网、镇村绿化、环境治理五大工程，集中建设污水处理厂、净水厂、供热站、垃圾填埋场，全面推行高效节水农业，坚决整治非法采矿采砂行为，植树造林超过1万亩。2017年成功入选全国特色小镇，被评为自治区生态乡镇。2024年闽宁镇村镇道路实现全部硬化，自来水、天然气、太阳能入户率100%。闽宁镇积极争取各类资金实施村庄绿化提升项目，以闽宁产业园绿化项目建设为重点，补植常绿乔木3.4万株、灌木1.1万株、色带绿篱6.5万平方米、草坪8.7万平方米。

其次，政府筹建资金持续加强社会公益事业和各类服务机构建设。加强村村实现学校、卫生室、积分超市、兜底保障服务中心、文化活动中心、老年饭桌全覆盖；加强生产性基础设施建设，建设集中养殖场、设施温棚、高效节水灌溉工程等，全面提升乡村农业生产性基础设施建设；加强农村网络通村设施建设，推进移民村庄和社区通光纤宽带、通4G网络、通高清电视、通电商工程，为移民提供稳定可靠的信息网络服务。现在，人人可以上网、看抖音、玩直播；加强劳务移民社区配套设施建设，为永安小区美化小区，实施增绿工程，提高绿化率，增加公共娱乐设施，配套路灯22盏。此外，永安小区开始垃圾分类推广试点工作，成立永安小区业主委员会推动居民自治管理。闽宁镇移民的基础设施建设工作所取得的成就，充分体现了中国共产党集中力量办大事的优势，彰显了社会主义制度的优越性。

二、大力发展教育斩穷根

2015年9月9日，习近平总书记在给"国培计划（二〇一四）"北师大贵州研修班参训教师的回信中指出："扶贫必扶志。让贫困地区的孩子们接受良好教育，是扶贫开发的重要任务，也是阻断贫困代际传递的重要途径"①。"贫穷并不可怕，怕的是智力不足、头脑空空，怕的是知识匮乏、精神萎顿"。在精准扶贫中，教育扶贫被赋予了阻断代际贫困的重要使命，也是彻底摆脱贫困的重要抓手。

移民迁入以来，闽宁镇大力发展教育，不断改善办学条件，加强乡村教师队伍建设，为移民子女提供了良好的教学条件和教育环境。也因此，许多移民选择来到闽宁镇。移民说："我们这一代是文盲，为了娃娃上学也要搬过来，不能让下一代也成为我们这样子"。在移民吊庄开发初期，政府便极为重视教育基础设施的建设和教育条件的改善。虽然闽宁镇的移民开发生活艰苦，但是其教育条件和资源禀赋优于山区，也成为吸引移民搬迁的重要因素。1992年，现玉海村党支部书记作为扶贫开发队伍中的一员进入闽宁镇，居住于连湖农场的办公室。他说："当时，荒凉的戈壁滩一夜风吹过找不到路和方向"，在搬来的第4个年头，他有点忍受不了艰苦的条件一度想返回老家，"但是，妻子为了家中3个孩子上学方便，一再坚持才留了下来"。可见，除了生计资源，教育资源也是能够让移民"留下来、稳下来"的重要因素。

---

① 习近平：《国培计划（2014）北京师范大学贵州研修班参训教师的回信》，新华网，2015年9月9日。

精准扶贫战略实施以来，闽宁镇持续加强教育建设，坚持把教育扶贫作为脱贫攻坚的优先任务，强化组织领导，聚焦重点难点，合力攻坚克难，构建了较为完善的教育扶贫制度体系和基础设施体系。2020 年，闽宁镇有公办中小学、幼儿园共计 17 所，在编教师 582 人，在校中小学生 10471 人。其中，闽宁地区中小学生、幼儿园（含民办）共有建档立卡贫困生 2037 人，占永宁县贫困学生总数 81.3%，属于永宁县教育扶贫的重中之重。闽宁镇的教育扶贫先后经历了"有学上—上好学—学得好"的演变过程，逐步实现教育资源从无到有再到优质共享。目前，在同乡镇级别中，闽宁镇的教育资源优势突出，得到了很多家长的认可。移民说："过去在西海固，孩子上学大多每天要走十几里山路，如今生活在村子，孩子们走几百米就能到学校，到镇上读高中坐公交车十几分钟就到。现在上学方便了，孩子们读书也都很用功，一年村里能考几十个大学生"。闽宁镇的易地搬迁和教育扶贫工作实现了让贫困山区的孩子"进得来、有学上、学得好"，为深化教育扶贫工作，彻底斩断贫困根源奠定了坚实的基础。

（一）硬件、软件双管齐下，夯实教育脱贫根基

闽宁镇切实做好义务教育控辍保学工作，全面改善学校基本办学条件，加强乡村教师队伍建设。2011 年以来，闽宁镇落实了多项教育薄弱改造项目，新建了闽宁二中、闽宁第二小学、闽宁幼儿园、闽宁第二幼儿园和原隆幼儿园，实现了移民子女家门口就近就学。同时，对老旧学校进行全面改造，并进一步加强信息化建设。2016 年闽宁镇作为自治区教育信息化示范镇进行打造，在各个学校投建数学实验室、创客实验室、机器人教室和 VR 教室等。闽宁中学、闽宁中心小学、闽宁二小、闽宁幼儿园等均是自治区信息化的标杆校，教育信息化 2.0 逐步实施完成，教育水平和质量不断得到提升。依托"互联网＋教育"的资源共享平台，闽宁镇加强乡村教师队伍建设，培育乡村骨干教师队伍。随着教育扶贫工作的深入，移民更加重视子女

教育，并形成了尊师重教的良好教学氛围。

（二）凝聚多方力量，密织教育扶贫保障网

闽宁镇完善学生资助服务体系，全力推进学生资助工作，实现各个学龄段、各个学校、各个村庄和社区资助服务体系全覆盖。针对义务教育阶段的建档立卡户学生、农村低保户学生、残疾学生和特困供养"四类"群体，制定各学段资助和免除标准，并建立义务教育阶段困难学生贷款体系。新冠疫情期间，闽宁镇还为贫困家庭安装宽带、赠送流量，有效利用"空中课堂"保障贫困户子女学习需要，降低因疫误课误学的风险。为完善教育捐助体系，闽宁镇引进多元社会主体壮大教育捐助力量（资助详情见表3-2），以实现教育扶贫效益最大化。

表3-2　闽宁镇教育扶贫资助情况

资助组织	资助总额	资助对象	资助人数	资助方式
厦门国际银行闽都基金会	150 万元	优秀教师 贫困学生	66 名 200 名	—
宁夏燕宝慈善基金会	—	考取二本以上大学生	360 名（累计）	4000 元 / 年
国家电网	100 万元	贫困学生	144 名	大学生：3000 元 / 年 中小学幼儿园学生：2000 元 / 年
漳州台商投资区	3700 万元	贫困学生	144 名	2000 元 / 年

（三）借助闽宁协作平台，提升教育扶贫质量

借助闽宁协作平台，闽宁镇加大与福建教育厅对接力度，通过互派互访、网络交流教研等方式促进共同发展。闽宁镇大部分学校都与福建省有教学上的结对帮扶，建立起良好的交流机制，教育扶贫工作稳固常态化开展。

一方面福建省每年安排几位老师到闽宁镇支教半年到一年；另一方面闽宁镇每学期组织一批老师去福建学习，并安排镇辖中小学校长、幼儿园园长去福建交流学习1—3个月。福建省选派12名骨干教师在闽宁镇支教，闽宁中学与福州一中结成友好关系，闽宁二中与角美中学、闽宁二小与福建角美小学签订帮扶帮教协议，通过互派互访、网络交流教研等方式促进共同发展。通过这种交流机制，闽宁镇实现了优质教育资源的移植，借东部发达省区的教育经验，提升闽宁的老师和校长、园长教学、管理的理念和质量，实现教育扶贫对教育思想与教育理念更深层次的培养与提升。

（四）坚持以教兴业，拓宽教育脱贫空间

闽宁镇根据劳务移民培训意愿和需求，广泛开展公益性职业技能培训，引导高校、企业、公司发挥人才和科技优势，培育"懂农业、爱农村、爱农民"的人才队伍，全面助力脱贫攻坚，服务乡村振兴。精准扶贫以来，闽宁镇精准开展多种类型职业教育服务，因地制宜创建葡萄酒学院，组织开展农业种养殖、驾驶技术、电商、手工品制作等培训，努力培养和提升农民的技术能力和职业道德，使其成为有技术、懂经营、能吃苦的全方位人才，真正实现"培训一人、就业一个、脱贫一家"的教育扶贫目标。2023年开设了劳务市场，共收集、登记劳务人员信息，相继发布信息100余条，提供岗位1000多个，开展重点群体技能培训5期235人次。截至2024年底，安置公益性岗位87个，帮扶车间累计用工338人，人均增收3000元。2024年，闽宁镇识别纳入防返贫监测对象68户319人，为全镇政策性移民及脱贫户监测对象发放交通、产业、务工奖补等补贴970.3万元；安置公益性岗位87个，帮扶车间累计用工338人，人均增收3000元。此外，闽宁镇驾驶员培训也是精准脱贫能力培训的重要抓手，已补贴建档立卡贫困劳动力1568人，成为提高贫困人口素质、增强脱贫致富能力的一项重要举措。

三、落实落细配套惠民政策

闽宁镇的易地扶贫搬迁具有整体性和全局性。精准扶贫以来，闽宁镇以经济发展为中心，立足全局部署和整体规划，得到了自治区、市、县各级党委政府在经济和人力等各方面的大力支持和帮助。在此前提下，闽宁镇精准施策，集中发力，落实了多项配套惠民政策。

（一）以多元产业发展为抓手，全面推进移民转思想、换穷业

闽宁镇以统筹产业发展为抓手，配备领导干部、专家教授、技术人员等人才，鼓励移民在专家教授的引导下进行经济作物种植和庭院经济改造。在具体产业发展中，政府发挥帮扶干部人员的示范和带动作用，引进大量项目、资金和技术，引导和鼓励农户转变传统种养殖的思想观念，发展现代农业产业和园区集中养殖。同时，闽宁镇出台一系列优惠政策鼓励和支持私营企业发展，为移民创造了大量的创业致富机会。

（二）以优化资源配置为举措，有序推进移民能就业、稳收入

在不同移民搬迁群体中，易地扶贫搬迁容易出现资源竞争问题，即同样符合条件的人为什么享受不同的政策，分配到不同资源？政府在资源再分配环节中发挥着重要的作用。闽宁镇政府切实从移民的生产和生活需求出发，在优化资源配置的同时，平衡和调节两地资源，原隆村村民有集体分红，武河村移民有大棚可经营，保证了易地扶贫搬迁工作的顺利开展。武河村移民说："在所有的移民里，我觉得我们武河村30户的搬迁是最好的，虽然原隆村繁华、打工近。但对于农民来说，不能只讲繁华。武河村的院子大可以种地，对我们来说就是最好的"。2012年，原隆村针对新移民"人生地不熟、办事困难"的问题，在政府的扶持下投资2万元建设民生服务全程代办点，可以为移民办理48项业务。如今，原隆村移民不用出村就能享受到涉

农补贴、就业创业、民政救助、建房审批、社会保障等各种政府提供的公共服务。

（三）以保障移民基本权益为目的，全力解决移民区存在的不足和遗漏问题

2013年搬迁以来，劳务移民并未进行户籍迁出，属于流动人口，户籍与人口的分类导致迁出地和迁入地两地管理困难。移民生活在闽宁镇却无法享受社会保障政策。为此，2018年宁夏回族自治区出台政策，为劳务移民的周转房确权，进一步稳定劳务移民的生活，增加他们在社区和乡镇的幸福感和归属感。同时，原居住地劳务移民的户籍全部迁出，正式以闽宁镇的固定人口进行管理。2019年7月开始，永安小区正式开展精准扶贫工作，成立挂牌督战工作组，解决劳务移民的"两不愁三保障"及劳务问题。在政策享受方面，对所有劳务移民重新排查、重新认定，让真正困难的人享受低保政策，对原籍土地未依法进行土地确权登记的移民进行重新核实，并以土地流转的方式定期收租，较好地保障了农户的权益。

（四）以"住有所居"为目的，全面解决"多人多代"住房难题

在流动性较强的移民搬迁中，移民家庭生计的外化和远程化，不仅使移民面临地缘关系的淡化，更是面临血缘关系的挑战。如劳务移民，因以务工为主，流动性较强，将引起原有家庭结构的分化与重组。在劳务移民的政策设计中，劳务移民的主体是核心家庭，最多两代人不超过5口人，主要为年轻劳力提供生计改善的周转房，鼓励贫困山区的农民通过外出务工脱贫增收，并购置新的房子。但是这一政策忽略了对农民经济实力和家庭血缘关系的考量。第一，农民不可能通过短期务工有足够的经济条件在迁入地重新购置更大的房子。第二，鼓励农民外出打工，并提供周转房，意

味着年轻一代要与老人长期分居两地，主干家庭变为分散的核心家庭。因此，会出现老人遗留问题，引发迁出地老人的养老难题。在实际迁移中，基于移民对血缘和亲缘关系的重视，劳务移民将家中老人，甚至兄弟姐妹共同接到永安小区生活。周转房变为劳务移民的长期住房，出现"多人多代"的住房紧张问题。一家有 7—8 口人，54 平方米的周转房用村民的话说是"脚都挪不开地"。但是对于 3 口左右的核心家庭恰好可以供其生活。为此，政府出台多人多代住房补贴等相关政策。一是为家庭经济基础较差的家庭提供免费 2 年的廉租房；二是为家庭经济基础较好，且真正有购房需求的三代人家庭，鼓励其在县城内买房，政府补贴 5 万元。永安小区开展"多人多代"分房现场推进会，与移民签订购房承诺书，确保真正有需求的人能够在县城内购房。现场由县政纪委、镇司法所纪委和群众共同监督，有效解决了"多人多代"住房紧张的难题。现在，永安小区的各项工作已经步入正轨，永安小区由新成立的福宁社区管理，社区组织、各项公共服务体系和社会保障服务体系已经基本完善，福宁社区也在工作中不断优化社区管理和服务。福宁社区干部说："永安小区的脱贫攻坚任务紧张，在短短的半年时间，解决了劳务移民的'两不愁三保障'问题。刚入住时农民怨气大，觉得住房小不愿意入住，社区干部进不了农户家门，无法开展工作。到现在，人人见了我们都亲切地打招呼，每一家都可以随便进去坐一起聊天"。"群众的工作也让我们感触颇深，经过这几年的工作，搬迁过来的老人在生活中有了笑容，这也是让我们特别欣慰的地方。能奋斗的人通过个人努力收获了幸福，无依无靠的人有伟大的中国共产党。幸福就是伟大的中国共产党每一分每一秒给社会最基层的人民努力创造出来的"。永安小区的移民说："我们的移民是非常好的，老家的生活真是太苦了，这次让我们从大山里走了出来，现在的生活已经有了很大改善，一定要感谢共产党、感谢我们的国家领导人、感谢我们的社区干部。对现在的生活已经很知足了，人要知足，知足者常乐"。

第三节 谋发展：多元模式保生计

闽宁镇移民是从山区到灌区的迁徙，不仅意味着生活自然环境的改变，更会引起生活方式、生产方式、社会关系等一系列的变化。在生存空间方面，农民传统的生存技能与新的安置地可能并不匹配，如生产体系的巨大变化，灌区经济作物的种植，使人们原有的生产技能得不到发挥，移民原有的生计资本和经济空间开始流失。原隆村村书记指出："老百姓刚移过来的时候，大家这边产业比较多，大家想做的第一件事都是先挣钱，移过来可能不是先适应别人，而是先适应他们自己，适应这边的新环境，然后才可能会适应别人"。移民必须在迁入地学习新的生存技能，重塑生计体系和生计空间。这不仅涉及移民自身的努力，更有政府在经济、政治、社会、文化系统的协调改革，从外界创造一个可持续的生计空间，才能为移民创造一个可持续的生计空间，从根本上提高移民生计能力，使移民彻底摆脱贫困。精准扶贫以来，闽宁镇输劳务、创岗位、增技能，种葡萄、搞养殖、产新业，增强移民的自我发展能力和增收致富能力，动员移民通过自己的双手勤劳致富。

一、充足务工机会保就业

（一）全面摸排就业创业基本情况，重点加强劳务移民就业保障

与生态移民相区别的是，劳务移民的生计方式具有脆弱性，增收渠道较为单一。因为劳务移民安置的目的是为贫困地区的年轻劳力提供周转房，鼓励他们外出务工增加收入，并通过自身努力购置房屋。在5年之内，农户可以随时选择返迁。因此，劳务移民没有分配土地，只能以打工作为生计的主要来源。为保障劳务移民的生活，闽宁镇着重加强劳务移民的就业保障，以弥补他们生计的脆弱性。对于劳动力较弱且有意愿劳动的老人或因为家庭照

料需求无法外出务工的妇女提供适合的岗位。对于劳动力强的，在社区举办各类专场企业宣讲和招聘活动，根据劳务移民的培训意愿和需求，有针对性开展技能培训，让劳务移民最少掌握一项生存技能。社区干部在社区群内不定期发布大量用工信息，旨在为劳务移民提供适合的就业岗位。数据统计，2020年永安小区总就业率已经达到96%。为保障移民长期稳定就业，永安小区设立了动态信息掌握机制，入户摸清农户底数，为每栋楼、每个家庭、每个人都建立档案，对劳务移民的外出就业情况、家庭成员、经济收入等信息进行动态更新和工作常态化。永安小区干部说："来永安小区以后，挣钱容易、打工容易，小区里边50岁左右的妇女，到周边的农场、葡萄地里除草、剪葡萄，一天80—100元"。

（二）顾全移民多样化需求，拓宽就地就近就业渠道

易地搬迁后，大多数移民主要以劳务收入为主，移民从自由农民变成受管理的工人。劳务工作不像农作物种植时间较为自由，由于工作的临时性可能随时出现务工地点的变化。而且，移民可能需要离开村镇去外省打工，出现二次流动现象。这与移民在山区稳定的劳作习惯不相符合。一方面，移民不喜欢在被管理的工厂工作；另一方面，移民较为恋家，不习惯长期离家务工。尤其是对于从贫困山区迁出的妇女，长期承担照料老人和小孩的家务劳动，无法去外地务工。针对此类问题，政府鼓励和支持企业优先雇佣本地劳动力，尤其是年龄偏大、文化偏低的就业人群，促进移民就近就地就业。并采取政府筹建、帮扶援建、社会捐建、企业自建等方式，在集聚区创建就业扶贫车间、扶贫基地、设施园艺、农产品加工等就近就业扶贫载体，重点引进纺织、制衣、手工加工等适合农村妇女居家就业或灵活上班的企业入驻，保障移民就近就地就业。原隆村村支书说："在原来的大山里，打工都不知道去哪里。现在只要你有劳动力，只要你想干就能挣上钱。男人、女人都可以打工。女人接送完孩子，就可以去葡萄园里干

几个小时，不耽误照顾小孩，一天也能挣八九十块钱。原来的女人都是在家里伺候老人，给孩子做饭，哪里听说过女人还可以出去打工。除了种田，没有工作岗位"。

（三）培育劳务经纪人，带动移民就业一批

闽宁镇大力实施劳动中介组织和劳务经纪人培养计划，充分发挥劳务中介组织和劳务经纪人等市场主体带动移民就业的作用，鼓励劳务经纪人和劳务中介组织在工程建设、工矿企业和设施农业等领域吸纳移民实现就业。对劳务中介组织和劳务经纪人等社会组织和个人组织移民转移到企业就业6个月及以上的，凭用工单位出具工资证明和工资发放银行流水证明，给予劳务中介组织、劳务经纪人就业创业服务补贴。外出务工稳定在6个月以上的劳务移民，凭用工单位出具工资证明和工资发放银行流水证明，每人每年可享受一次性交通补助。

（四）购买公益性岗位，兜底安置一批

财政每年购买一定数量的公益性岗位，用于乡村养路、园林绿化、生态管护、保洁保安、养老服务等岗位，兜底安置年满40周岁以上有就业愿望和就业能力的移民，重点安置脱贫能力弱、有一定劳动能力的残疾人等特殊困难群体就业。其中，对于有一定劳动能力的残疾劳务移民年龄可适当放宽。数据统计，2020年永安小区设立了50余名1个月1500元的公益岗位，较好地解决了弱劳动能力移民的就业增收问题。同时，政府加强社会保障服务工作。广泛开展迁转户籍思想动员工作，对完成户籍迁转的，办理住房产权证，落实低保、医保、社保、残疾人、"两项补贴"等各项政策，实现"应纳尽纳""应保尽保"。在残疾人群方面，对残疾人群进行精准掌握，对未办理残疾证的残疾人进行入户办理。无劳动能力的残疾人，采取政策兜底保障等措施确保基本生活。

二、优势特色产业帮创收

2018 年 2 月 12 日，习近平总书记在打好精准脱贫攻坚战座谈会上的讲话中指出："产业增收是脱贫攻坚的主要途径和长久之策，现在贫困群众吃穿不愁，农业产业要注重长期培育和发展，防止急功近利。"[①] 闽宁镇以特色产业发展为主导，发展了多元主体参与的特色种植、养殖和设施农业等多项主导产业，与农户建立了多样化的利益联结机制。在自发移民阶段，政府一方面引导和支持农户改良土壤，发展传统种植业，解决两不愁问题。第一代移民说："从老家搬出来的第一年就开始改造沙地，改良后的土地种的玉米每亩能产 800—900 斤，比老家翻了几番，老家一亩地最多能收 300—400 斤。要是年成不好，只能收个种子"。另一方面在闽宁两省区技术帮扶的指导下，鼓励和组织有条件的农户发展菌菇、酿酒葡萄、枸杞、黄牛养殖等产业，并通过福建省的帮扶为农户建大棚。如果经营和销售顺利，经济作物的种植能够快速改善农户的收入水平。许多第一代自发移民表示，是因为大棚的经营和管理才使家庭经济情况有了好转，家庭收入有了结余。移民说："大棚种植的效益非常好，三个月的时间可以收入 8000—9000 元，只要不懒日子就能过好"。

2012 年，"十二五"政策性移民进入后，闽宁镇更是通过企业引进和产业发展为当地劳动力创造了充足的就业机会。针对有土地的生态移民，持续注重产业发展带动，培育当地特色种养殖业，尤为注重益贫性的地方特色优势产业培育。与自发移民阶段的产业发展不同，闽宁镇在精准扶贫阶段更加注重产业发展的统筹规划和全局安排。

第一，认真贯彻落实"政府引导、党支部引领、企业带动、群众参与"的引导方针，培育益贫性强的地方特色优势产业。在促使农户生计转型之

---

① 习近平：《在打好精准脱贫攻坚战座谈会上的讲话》，《人民日报》2018 年 2 月 12 日。

外，闽宁镇尽量发挥农民的传统生存技能优势，依托移民群众养殖传统发展特色养殖产业。闽宁镇将养殖业作为全镇的主导产业，加强龙头企业基地建设和综合养殖园区建设，形成了以壹泰牧业肉牛养殖基地、宁夏犇旺生态养殖有限公司、闽宁智慧农业扶贫产业园蛋鸡养殖基地等养殖企业为核心的养殖产业，实施"扶母还犊""肉牛托管""出户入园"等主要针对建档立卡贫困户的帮扶项目。精准扶贫以来，闽宁镇扩大农户"扶母还犊"规模，犇旺养殖推广户达到 1000 户以上。由于农户传统养殖存在不专业、不精细的问题，政府鼓励和吸纳散户在综合养殖区入园养殖，提升散户养殖的标准化水平。利用贺兰山东麓自然资源优势发展葡萄种植与葡萄酒产业，以自治区葡萄酒局入驻为契机，打造万亩酿酒葡萄基地和共享酒庄，开创和打响了贺兰山东麓葡萄酒品牌。目前已种植 7 万亩酿酒葡萄，年产葡萄酒 2.6 万吨，开创了企业与农民合作经营的"共享酒庄"新形式，全面巩固提升脱贫致富共同体新模式。

第二，坚持产业扶贫与区域社会经济发展并举，引入现代企业驱动型的产业扶贫模式。闽宁镇注重产业发展中的现代企业示范带动，针对散户经营发展的局限性，村集体统筹和规划全局，开展了"企业/公司+农户""公司+合作社+农户""公司+村集体+农户"等多种模式，形成了租金、分红、劳务等多种收入方式。其中，原隆村为提高土地资源利用率，实行"虚拟确权"，强化土地集体所有权，将政府配套的耕地统一交由村集体经营和管理，农户可以依法享有土地租金和产业分红，保障了农户的基本生活水平。同时，村集体以土地流转和设施温棚建设等方式带动移民参与产业发展和产业劳动。一方面可以引导移民转变思想，另一方面能够在实践中通过企业或公司传授经济作物的种植技术。继而，村干部与企业协商，通过企业的逐步退出，为移民提供承包土地或大棚种植增收致富的机会。通过村党组织的统筹规划和协商处理，企业对移民的农业型生计转型起到了很好的推动和示范带动作用。相较于原隆村的统筹发展，武河村为调动移民参与产业发展的积极性，为移民修建温室大棚，并积极为移民产业对接市场、探寻销路。如果经营效益好，移民仅大棚种植一年能够收入8000—10000元左右。而且，土地家庭经营生计方式使移民较易适应迁入地的生活。

第三，坚持"资源变资产、资金变股金、农民变股东"的思路，巩固推动村级集体经济发展。2017年和2018年，原隆村分别两次整合扶贫资金投资购买中科嘉业电力公司股金，共投资902.48万元，占股49%。群众可获得49万元的光伏屋顶租赁收入和85万元的光伏分红，村集体稳定收益20年，年均收入达300万元以上，真正实现了村民收入和村集体经济"双丰收"。2019年12月，根据自治区《关于加快2015年度光伏扶贫试点项目电站回购进度增加光伏扶贫效益的通知》文件要求，永宁县获福建省委同意使用"东西协作"资金1700万元对该项目完成全额回购，并将该项目实现闽宁镇所辖6个村的村集体经济全覆盖，其持股比例分别为：原隆村49%、福宁村11%、木兰村10%、武河村10%、园艺村10%、玉海村10%。项目完成全额回购后，由闽宁镇人民政府及永宁县扶贫开发服务中心作为监管单位，对项目公司日常运营、收益分配等实时、动态监管，确保该项目电站发挥最大的扶贫效益。经测算，项目全额回购后20年运营期总收益约11525.53万元，其中：原隆村5828.31万元、福宁村1228.82万元，木兰村、武河村、园艺村、玉海村各1117.10万元。该项目运营模式通过"双兜底运维、托管式运营，扶贫与乡镇两级监管"的方式，由专业的人做专业的事，确保电站长期安全运行及收益，实现了政府对光伏扶贫项目不断层、可持续性的管理监督，为光伏扶贫项目效益的可持续性稳定发挥提供了保障。光伏扶贫项目不仅破解了村集体经济薄弱的问题，更成为老百姓增收的"铁杆庄稼"，充分激发贫困群众内生动力，让老百姓实实在在参与到扶贫工作中来，使群众有更多的获得感和幸福感，进一步巩固和提升了脱贫成效。

三、职业技能培训促提升

移民搬迁后，农民的生产和生活体系发生巨大变化。尤其是劳务移民从山区搬出，没有土地，生产生活方式发生巨大转变。他们必须改变已有的生活方式和知识体系，掌握一项以上的技能才能更好地生活。如掌握技术的工地工作150元/天，葡萄基地除草等没有技术的工作90元/天，公益岗位最多50元/天。可见，技术掌握与经济收入呈明显的正向关系。因此，如何让劳务移民掌握一项及以上技能尤为重要，这也成为政府和社区服务工作的重要内容。在闽宁镇，政府和社区在劳务移民生计适应中发挥了不可或缺的作用，为劳务移民走出贫困并确保不返贫奠定了强有力的基础。

首先，创业带动就业，自主就业一批。鼓励有创业意愿和创业能力的劳务移民参加创业培训，培训后须取得创业培训合格证书，纳入职业技能提升行动；鼓励和支持劳务移民自主创业。扶持劳务移民创办电商、餐饮、商超、手工制作、家政等经济实体，推动劳务移民以创业带动就业，对劳务移民首次创业且正常经营1年以上的，给予一次性创业补贴，自登记注册之日起正常经营1年以上的，可降低房屋租赁费，给予租房补助；所需资金从就业补助资金列支，充分发挥创业担保贷款促进就业的积极作用，对于劳务移民创业可优先提供一定额度的创业担保贷款支持。

其次，开展技能培训，培训就业一批。一是针对劳务移民的实际情况、就业意愿和岗位需求，通过开展订单式、定岗式、定向式培训提升培训的有效性，确保培训一人，就业一人；二是强化岗位需求与技能培训相结合。大力开展建筑安装、餐饮服务、服装加工、物业、保洁等实用技术培训，提高培训的针对性，依托职业技术院校、民办培训机构开展职业技能培训工作；三是创新培训模式和方法。采取"分散与集中、理论与实际、白天和晚上、忙闲、长短相结合"等多种形式，满足劳务移民不同需求，切实提高劳务移民的就业能力，并将培训纳入职业技能提升行动。福宁社区书记介绍，"每一年在社区和村都有 3—5 期培训班，很多人至少有两三个证书，这样特别方便他们出去打工"。值得一提的是，闽宁镇鼓励移民考取驾照，如果能够成功取得驾照，会对相关费用进行补贴，这是一项职业技能培训，移民可以开挖机、搞运输等。据玉海村第一书记介绍，群众经营大型运输车是玉海村的一大特色，村内移民将近有 200 辆运输车。政策出台之后，村民自组织一起考驾照，形成了很好的组织就业氛围。经营车辆运输不仅提高了移民的收入水平，也打开了移民的视野，搞活了村庄经济。为确保移民脱贫不返贫，构建长效脱贫机制，乡、村两级针对就业情况实行动态跟踪，准确掌握就业情况，切实做好岗位对接。

最后，提升文化水平，带动就业一批。在贫困山区，妇女承担着家庭照料的重任，不识字，没有外出打工的机会，更无收入，在家庭没有发言权，地位较低。另外，回族妇女普遍结婚比较早，在家相夫教子。移民搬迁后，妇女打工的机会增多，针对需要在家照料的妇女，鼓励她们在家门口就业，并为妇女开展文化知识和职业技能培训。针对年轻妇女，妇联开办识字班，教妇女学习认字写字；在原隆村，禾美车间针对妇女识字率低的问题，鼓励妇女边上班边学习写字，妇女从"连写自己的名字都困难"到"出现在大众荧屏上搞电商"；园艺村开展扫盲扶贫活动，2019 年到 2020 年，举办了两次扫盲班，减少了 50 位文盲女性。园艺村村干部说："扫盲班取得了很多的效果，一天教 5—8 个字。现在扫盲班的人拿着短文能够顺利读下来。识字之后，她们也有了自己的想法，学习手工编织，并拿出去卖，效果都非常的不错"。此外，在富贵兰服装厂工作的妇女逐渐学会打扮，主动维护自己的外在形象。通过文化知识、职业技能培训提高内生发展能力，通过外形塑造增强自信心，妇女的生活条件和家庭地位得到了提升，妇女的自我认知和丈夫、群众对妇女的认知也发生了转变。回族妇女开始能够跟着致富带头人走出家庭外出务工，也有妇女通过在家发展种养殖业谋发展、在街道开小卖部、服装厂创业。针对没有发展资金的妇女，帮助其办理小额信贷，使她们有资本扩大经营。多形式多渠道的致富路径拓宽了妇女的就业空间。同时，也增强了贫困家庭的抗风险能力。

第四节 领发展：强基层、重团结

一、党建引领：凝聚基层治理新合力

精准扶贫在我国乡村社会的实践关系到基层治理的运作模式和国家资源的有效分配。精准扶贫思想是习近平新时代中国特色社会主义思想的重要组成部分，国家将贫困治理和乡村社会治理有机结合。与以往扶贫思想不同的是，精准扶贫本身包含了民众参与的元素，精准扶贫在民主投票、民主决策、民主监督、民主管理等方面将国家"自上而下"扶贫治理与村民"自下而上"自治行为有机结合。在精准扶贫中，国家通过"政党下乡""行政下乡"整合进入乡村社会，国家权力的加强成为实现扶贫目标的有力保证。

（一）加强基层党建治能

1. 加强选举监管，选优配强村两委班子

精准扶贫以来，闽宁镇全面加强基层党组织建设，选优配强村庄和社区干部，将基层党组织建设成为带领群众脱贫致富的坚强战斗堡垒，为打赢脱贫攻坚战提供力量支撑。县委组织部监督村两委班子换届选举工作，选优配强村两委班子成员。作为村级发展领头雁，村两委班子成员的质量直接关系到村庄发展规划的制定、发展资源的争取、村庄社区的管理水平。在移民之初，闽宁镇特殊的移民历史导致村民之间的陌生化，移民融合程度较低，彼此之间并不信任，为了争取自身利益，以搬迁前村庄成员、家族为单位形成的小团体成为影响基层有效治理的重要障碍。村庄的换届选举往往受家族、村内小集团利益关系左右，出现干扰正常选举的事件，县级组织部通过直接

监督、直接下派的方式参与到村两委的换届选举过程中，保证村两委班子成员质量。永宁县组织部干部说："在 2013 年、2016 年村两委班子两次换届中，我们通过直接监督的方式调整了一批人，闽宁镇 6 个村的村两委班子几乎都换过了。村里老一代的干部因为文化水平不高、管理理念落后，总为自己的利益不为集体的利益考虑，在理解政策文件方面也不到位，所以我们就直接介入进行了换届，主要选用一批年轻人、文化学历比较高的、有干劲的这些人进入村两委班子，发挥他们的优势"。经过两次换届，闽宁镇下辖各村庄发展有了明显转变，村庄发展势头更强。永宁县组织部干部说："像我们年轻干部，啥政策跟老百姓宣传到位，咋做我自己心里就清楚，老百姓该享受政策就享受政策，没有啥疑惑。做事都公平公正。总书记今年开会多次提出要大胆提拔重用年轻干部，我觉得这真的很有必要，毕竟这个时代发展这么快，你到西北就很明显有一个差距，我自己比较了几个发达地方，思想观念真的是有区别。本来已经形成东西部的差距了，本地的年轻人与年龄大的人之间更存在思想的差距，由这些思想不先进的人来带领发展得更慢，所以把接触过世面的、有一定见识的人选上去，发展得应该更快。没有很复杂的事情，现在国家政策透明，大家都懂法，出去的人都见识得多。以强有力的基层组织来带动村上的发展、产业的发展以及党员群众的教育方方面面"。

2. 加强镇领导班子建设，配好书记、建好班子

闽宁镇重视干部队伍建设，把加强镇领导班子建设作为党管干部的重要体现，把扶贫开发作为选书记、配班子的重要风向标。闽宁镇近 15 年来的 7 名镇党委书记都是在银川市干部中好中选优、优中选强，其中有 3 名镇党委书记由永宁县委常委兼任，闽宁镇、福建角美镇互派干部挂职。2018 年 8 月初，福建省选派一名副处级领导挂职永宁县委常委、闽宁镇党委副书记，2019 年 10 月，福建省又选派一名副处级领导挂职永宁县委常委、闽宁镇党委副书记，进一步夯实了乡镇党委班子。

另外，锤炼党员主心骨，带动引领乡村脱穷底。农村要发展，农民要致富，关键看支部。农村基层党组织是农民群众脱贫致富的战斗堡垒。闽宁镇深入推进"三大三强"行动和"两个带头人"工程，严格落实基层党建责任，扎实开展基层党组织评星定级，先后新建、改扩建福宁社区、武河村、木兰村、园艺村、原隆村、玉海村等村级活动阵地。强化服务功能，探索"支部＋企业（合作社）＋农户"的共富联合体发展模式，鼓励和引导村党组织、村干部、党员创办、联办各类协会或合作社16个，发展种养殖特色农业和劳务经济等"一村一品"产业，帮助农民就业增收。重视抓好基层党员队伍建设，加强年轻后备干部培养，制定《闽宁镇村级后备干部选拔培养方案》，重点培养储备村级后备干部20人，成功创建四星级党组织2个、三星级党组织1个。分别向6个村选派县处级领导任队长的驻村工作队，24名队员驻村开展工作。设立党员"双带"发展基金，通过把党员培养成致富能手、把致富能手发展成党员，带领移民群众脱贫致富，致富能手型党员占全镇党员总数的16%。重视以基层党组织建设提振群众内生动力。以评选"最美永宁人""最美闽宁人""星级文明户"为载体，在群众中深入开展社会主义核心价值观教育。近年来共计推荐20名最美永宁人、15户文明家庭，评选六星级以上文明户2816户，充分激发移民群众的内生动力、脱贫信心、致富决心。

3. 实行"红色网格"和生产组网格双重管理，精准推进精准帮扶

针对闽宁镇脱贫攻坚工作还不够精准的问题，闽宁镇通过"红色网格"完善贫困户建档立卡机制，通过精准扶贫APP提供数据支撑，推进精准帮扶。"红色网格"是由村组干部和后备干部担任网格长，由60岁以下党员、入党积极分子等担任网格员的"网格化"管理方式。闽宁镇在各村生产小组基础上推进"红色网格"，分类管理党员，整合各类网格资源，实行"红色网格"和生产组网格双重管理。按照每50户建档立卡贫困户配置1名网格员的标准，招聘28名脱贫网格员，确保建档立卡户信息和数据精准。制定建档立卡贫困户积分制管理制度，解决自我发展意识不强、思想上"等、靠、

要"等问题，切实激发贫困群众脱贫致富内生动力。实现了从"管理型党组织"向"服务型党组织"的转变，为脱贫攻坚保驾护航；巩固了脱贫致富共同体，形成党委抓统筹、支部抓推进、网格抓落实的支部管理模式。创新了"企业＋党支部＋农户"的利益联结机制，架起了贫困户与企业之间的桥梁，提升了脱贫攻坚工作的目标群体瞄准的精准度。

（二）凝聚外源扶贫力量

精准扶贫的基本模式是通过国家行政人员直接参与到每个村庄的脱贫工作，并起到动员群众、输入和分配资源、信息沟通的作用。下派的扶贫第一书记和驻村工作队作为国家与乡村社会直接的组织媒介，是国家权力在基层常规运作的机制体现，在解决绝对贫困和助力乡村振兴中发挥着重要作用。

1. 深入农村基层判村情，选派合适第一书记助发展

永宁县委组织部通过调研、走访搜集闽宁镇各个村庄村情村貌信息并进行研判，并根据村情选派第一书记，尽量选派年轻有经验的副科级干部。如人口最多的福宁村，一个村庄2万多人，乡村治理工作尤为困难，如群众信访问题严重。永宁县从公安局系统内为其选派治理能力强的第一书记，结合部门优势、职能优势，为助力福宁村治理发挥了关键作用。驻村第一书记作为乡村的"局外人"，能够更加精准研判村情，处理乡村治理中的人情关系，有利于乡村治理有效地实现。永宁县组织部副部长说："驻村工作队的主要工作就是为了扶贫，因此对贫困户的一些具体情况摸底，还有帮助他们脱贫，还是发挥了很大的作用。因为之前村干部可能人少，对于一些评估认定、退出，有些时候工作上的方式方法都不太精准，驻村工作指导他们把这个事做得比较精准，认定上、退出上、识别上起到一定的指导和帮助作用"。

2. 团结驻村工作队，携手共谋村庄发展

驻村工作队的工作从主要解决村庄的贫困问题逐渐转型到参与村级社会治理，为村集体经济的发展出谋划策，与村两委合作共谋村庄发展。在精准扶贫工作中，驻村工作队主要的任务除了指导村两委完善精准识别、退出等工作，更重要的是通过思想动员、鼓励帮扶等措施彻底转变贫困群众的"思想贫困"，增强其脱贫发展的内生动力。贫困户作为村庄社区一员，会受到村庄共同体发展状况的影响，这也使得驻村工作队的工作内容不仅仅限于解决村庄中贫困户的贫困问题，还包括通过多方面提升村庄整体发展质量来带动贫困户发展。因此在村庄产业方面，驻村工作队通过发展自身部门优势为村庄争取项目，解决村内剩余劳动力的就业问题，营造脱贫致富、努力奋斗的发展氛围，与村两委班子密切合作，从自身角度给出发展建议。

（三）改变群众观念拔穷根

治贫先治愚，扶贫要扶志和扶智并举。把帮扶重心由"物"转变为"人"，围绕"人"的发展配置资源和项目，激励贫困群众发展产业，鼓励农民创业，激发当地群众的内生动力，让贫困群众改变观念拔掉穷根。闽宁镇以积分超市积分管理制度激发建档立卡贫困户内生动力。针对贫困户存在"等、靠、要"思想、发展动力不足的问题，闽宁镇与福建省第十一批援宁工作队闽宁镇工作组协作，通过整合援宁财政资金和社会帮扶资金合计211.78万元，实施内生动力（Endogenous Power，EP）量化管理项目。闽宁镇出台《闽宁镇建档立卡贫困户"EP"量化管理工程实施方案》，建立由人民政府、驻村工作队、村两委、脱贫攻坚网格员、帮扶责任人等组成的工作小组，对已脱贫享受政策、未脱贫的建档立卡贫困户、边缘户和"十二五"劳务移民四类考核对象，通过勤劳致富、重教兴家、技能提升、环境卫生、良好家风等5个方面进行量化定值考核，形成政府推动、社会协同、群众参与的工作新格局。1个"EP"值=1元人民币，考核对象可凭"EP"值到相关"爱心超市"兑换商品。同时，定期张榜公布赋分值，让贫困户之间进行脱贫"PK"赛，引导贫困户向"等、靠、要"的懒惰思想说不。为解决流动人口多、社会治理困难、农民参与不足的问题，引导农民群众参与脱贫攻坚的制定与推行，不做"旁观者""局外人"。

二、民族团结：从陌生人到老朋友的民族融合

在社会生活方面，伴随着生计方式的转变，农民必要的交往圈发生变化，在与不同人群的交往中，社会文化传统、风俗习惯或生活习惯会发生碰撞，人们所依赖的包括家族关系在内的熟人关系纽带将发生断裂，移民需要在"陌生"的社会环境中重构新的关系网络，才能协调并逐渐适应不同文化传统、风俗习惯或生活习惯，从而达到身份和心理的双重融合。闽宁镇的易地扶贫搬迁是多主体的复杂融合过程，涉及回族与汉族、第一代移民之间、原住民与新住民等不同个体和群体的互动与融合。因此，民族融合更具有特殊性。如何做好民族工作，增进民族团结是直接影响闽宁镇发展的重要事项。

（一）自发移民一家亲，互帮互助结情谊

在 20 世纪 90 年代初期，在吃饭困难、就医困难、工具短缺的日子中，自发移民不论回汉，互帮互助。园艺村村民在回忆移民生活中讲道："刚定居到这里，土地种不出东西，只能四处要饭和靠国家的救济粮吃饭。当时，妻子得了结肠炎，家里没有钱看病，周围的邻居也都不认识。但是大家都很帮助我们，一家两三千的借给我们钱。迁移过来的移民关系都非常好"。谢兴昌是来到"闽宁村"的第一人，在他的带领下，许多农户搬迁到闽宁村。闽宁村卫生医疗条件几近于无，农户出现感冒、腹泻、牙疼等病状时无法就医，谢兴昌作为乡村医生，主动承担起为农户看病的职责。在互帮互助的移民开发生活中，不同民族、不同地域的人结下了深厚的友谊，共同创造了属于他们的社会文化与风俗习惯。在自发移民的后代中，不同民族的人开始结亲，既增强了不同民族的文化认同，也为社会秩序稳定奠定了良

好的基础。

（二）领导干部解民生、调关系，文化活动搭建友谊桥

政府一方面引进企业解决移民就近打工的问题，另一方面开展系列活动调节移民与周边老住户的关系。首先，政府和包村干部召开教育大会，鼓励移民依靠自己的双手勤劳致富；其次，乡镇干部和包村干部分别拜访周边乡镇与农场，协商他们为移民提供更多的务工机会；最后，组织篮球队和秦腔演出队，农闲的时候干部带着移民篮球队和周边乡镇老住户打篮球友谊赛，秦腔演出队常常给老住户进行义演。老住户慢慢改变了对移民的固有看法，建立起了稳定的"老朋友"关系。

"十二五"以来，闽宁镇更是将民族团结作为各族人民的生命线，坚持基层党建与民族团结工作协同发展，充分发挥了基层党建在民族团结共进中的引领作用。

第一，以民族政策和民族团结宣传教育，打牢民族团结的思想基础。原隆村是回汉混居村，回族群众占三分之一，回汉群众"门挨着门、墙连着墙"。汉民在办白事时要请民间乐队敲锣打鼓好几天，回族无法接受，希望村干部出面协商解决。同时，汉民又无法接受回民在"封斋节"历时一个月每天4点钟起床做饭和清真寺喇叭传出的声音，影响汉民休息。基于回汉民族杂居生活中风俗习惯的差异，原隆村始终坚持将民族团结当作"生命线"，全面开展马克思主义民族观宗教观宣讲，讲解各民族风俗习惯，教育引导各族群众主动交流、增进了解、互学互帮，风俗习惯上相互尊重、互尊互信，生活细节上相互包容，自觉维护民族团结，极大地增强了回汉民族团结友爱的自觉性和坚定性。现在，回汉民族的风俗习惯依然保持，但他们已经彼此适应，成为了互帮互助的好邻居、好朋友。

第二，以组建"和谐大叔"调解组，增强民族团结的组织基础。原隆村以党组织和党员星级化管理为抓手，建立了13个"网格党小组"，铺设"红

色大网"。建立了民意畅通、群众解困、纠纷化解三大机制，形成"人在网格走、事在格中办、情在格中系、根在格中扎"的局面。实施"红色承诺"晾晒活动，全体党员围绕支部学习、环境卫生、孝老爱亲、邻里团结等六个方面做出庄严承诺，并张贴在自家门口的墙上晾晒，接受群众监督和检验，树立起了党员一言九鼎、服务群众的形象，党员成为建设团结原隆村的强有力的"红色基因"。组织党员代表、离退休村干部 10 余人组成"和谐大叔"调解组，积极动员返乡的老教师、退职的村干部等乡村贤达进入红白理事会组织，以"老邻居、最熟悉"的优势，积极开展矛盾纠纷调解工作。一些老党员主动帮助外出的邻居清扫院落，增加了移民之间的情感维系，实现了"小矛盾不出组、大矛盾不出村"的社会治理工作目标，构筑了民族团结向心力。

第三，健全社区公共服务和基础设施建设，构建民族团结的物质基础。扶贫工作推进以来，闽宁镇各村先后建立了社区服务中心、便民服务大厅、党员活动室、卫生室、图书室、休闲广场、老年餐桌、儿童之家等服务设施，为移民提供了民族团结和谐的文化空间。同时，文化空间的开放性和公共性打破了移民原有的地缘和血缘为基础的社会互动关系，形成了一种新型的社区民族认同机制。

第四，以平台搭建为文化载体，创建民族团结的文化基础。随着人们生活水平的逐步提高，文化消费也在不断增长。农闲时节，闽宁镇通过建立镇级文化中心、信息中心、村级文化体育中心等体系为群众享受丰富的文化资源和活动提供了多样化平台。各村还有社火、秦腔社团等自组织文化团体，每逢春节等重大节日都会举办文艺演出，现有秦腔艺术团、园艺村农民艺术团、原隆村社火表演队 3 个民间文艺团队。镇上和村里每年举办农民篮球运动会，闽宁镇篮球队不仅在全县农民篮球运动会上连续夺冠，还曾获得银川市农民篮球运动会冠军。闽宁镇下辖 6 个村都建有农家书屋、卫星数字和文化活动广场，并配备相应设施设备，原隆村建有村文化中心，建有排练厅、文化活动室、书画室、图书室、电子阅览室、残疾人康复室，各村建有文化大院，配备音响、书柜、书籍等文化设施。文化设施的修建、文化团体的组织都为移民提供了接受文化资源的平台，丰富了移民的文化生活，文化治理也成为村庄治理的重要手段。

第四章 致富经：多元特色兴产业

习近平总书记曾指出，推进扶贫开发、推动经济社会发展，首先要有一个好思路、好路子，要坚持从实地出发，因地制宜，厘清思路、完善规划，找准突破口。要做到宜农则农、宜林则林、宜牧则牧、宜开发生态旅游则搞生态旅游，真正把自身比较优势发挥好，使贫困地区发展扎实建立在自身有利条件的基础上。在习近平总书记精准扶贫思想的指引下，闽宁镇因地制宜地推进产业扶贫，将昔日的"干沙滩"变成了"金沙滩"，酿酒葡萄、红树莓、大棚蔬菜、牛羊养殖等产业的蓬勃发展，不仅解决了群众家门口务工的需求，还带动了本地创新创业的社会风气，让这个昔日为脱贫而生、因脱贫而建的移民小镇变成了今日的"脱贫样板"。[①]

产业的选择、布局与落地，需整合贫困地区的劳动力、特色资源、区位条件等发展优势，嫁接国家投入的扶贫资源，才能较快地促进产业发展和实现效益。闽宁镇利用脱贫攻坚与东西协作的历史发展机遇，立足本地自然条件优势与移民种养殖传统，对本镇产业发展与布局进行了顶层设计，通过引入现代企业促进了本地区产业结构升级，将贫困群众纳入产业链条中，达成了以多种模式带动贫困户脱贫并促进经济发展的目的。政府、企

---

① 习近平：《在河北省阜平县考察扶贫开发工作时的讲话》，人民网，2012 年 12 月 29 日。

业、贫困群众以及其他社会主体共同参与闽宁镇的产业发展，实现了经济效益与社会效益的双赢。当前，闽宁镇已经逐步构建起"特色种植、特色养殖、光伏发电、观光旅游、劳务输出"五大主导产业，村民人均可支配收入从开发建设初期不足 500 元增长至 2024 年的 19312.56 元，贫困发生率从 2014 年的 11.4% 下降为 2020 年底的 0，实现全部脱贫，下辖 6 个贫困村全部脱贫出列，实现了"村村有产业，人人能致富"，正在加快构建"一镇一特""一村一品"，依托"一带、两轴、多节点"产业发展格局，打造乡村产业发展新业态。

在精准扶贫政策的帮扶下，闽宁镇陆续建成设施温棚园区 7 个，第三代高标准设施温棚 640 栋，形成现代农业科技示范园 3000 亩。依托贺兰山东麓的葡萄长廊产业带优势，打造贺兰山东麓葡萄酒产业核心区，实现葡萄酒一二三产业融合发展，酿酒葡萄种植面积稳定在 8 万亩。建成立兰、中粮等大小酒庄 13 家，采取"公司（酒庄）+ 基地 + 农户 + 标准化"的经营方式，种优质葡萄、酿优质葡萄酒、创优质葡萄酒品牌。在新镇区建成 13 万平方米集葡萄酒销售中心、展示中心、创意中心和文化推广中心为一体的红酒一条街，筛选引进 36 家列级酒庄建设酒庄展销展示门店，葡萄酒年产量 2.6 万吨，全产业链产值达到 90 亿元；形成"一个中心，多个种植基地"的空间布局；建成壹泰、犇旺、闽楠等养殖园区 5 个，新建木兰、园艺村光伏养殖园区 2 个，引进广州、宁夏、晓鸣农牧等企业；建成闽宁红酒街、东西协作干部培训中心、闽宁商贸城、闽宁会议中心等地标式建筑；打造电商扶贫示范街，建成闽宁禾美、青禾农牧、富贵兰等 7 个扶贫车间，联合自治区福建办事处打造闽宁优品双创服务平台，吸引更多闽商到闽宁镇投资创业。通过产业带动实现了贫困人口 6277 人就业，其中吸纳建档立卡户 214 人；两地共建扶贫产业园 1 个，带动贫困人口就业 33 人；援建扶贫车间 2 个，吸纳贫困人口就业 24 人。

闽宁镇的产业发展经历了从无到有、从弱到强的过程，无数人将血水、汗水、泪水挥洒在这片土地上，浇灌出了如今闽宁镇产业发展欣欣向荣的模样。

第一节　因地制宜：产业发展的顶层设计

建立系统、科学、实事求是、循序渐进的产业发展规划，进行合理的、高屋建瓴而又切合实际的顶层设计，是为了使闽宁镇的产业发展有章可循、思路清晰，便于实际工作中进行操作。顶层设计是一个"自下而上—自上而下"的过程。所谓"自下而上"，是在进行项目规划和顶层设计之前进行详尽的基层调研和周密的研讨论证，所谓"自上而下"，是在前一个阶段的调研、倾听、沟通的基础上，集中与产业发展直接相关的研究部门和实践部门进行相关政策、方案的正式制定过程。顶层设计必须极为清晰且具有可操作性，要保障各个政府部门分头制定的政策相互协调，不能互相矛盾，以便于在实施层面各部门之间的工作衔接。

围绕打造东西部扶贫协作示范镇这一长期目标，福建和宁夏两地各级政府通过联席会议进行了高站位谋划。通过闽宁协作联席会议、各级各类调研考察、经验交流合作等方式，围绕精准使用福建援助资金、产业扶贫资金，闽宁镇确定了闽籍企业发展、特色种养产业扶持、内生动力提升、环境整治等项目，为产业扶贫确定了方向。为推进闽宁镇产业发展，政府先后出台了《宁夏回族自治区招商引资优惠政策》《永宁县招商引资考核奖励办法》《自治区党委人民政府关于推进脱贫富民战略的实施意见》《落实促进闽宁镇经济社会快速发展意见责任分工》《永宁县加快闽宁镇经济社会发展的实施意见》《关于全面开展"四查四补"高质量打赢脱贫攻坚战的实施方案》等政策性文件，为本地区的产业发展提供了制度性保障。在相关政策的指导下，闽宁镇立足本地特殊的自然资源条件、依托本地区移民的养殖传统，坚持以人民为主体的产业规划原则，引进益贫性现代企业，推动养殖产业结构升级，实现产业布局优化的目的。

一、立足本地自然条件发展沙地种植经济

（一）闽宁镇特殊的自然条件是发展沙地种植经济的基础

闽宁镇地处贺兰山洪冲积平原的中下部，气候干燥，年均降水量只有202毫米，但是蒸发量高达2058毫米，全年平均气温8.6℃，无霜期平均为164天，日照充足，热量丰富，昼夜温差大，为酿酒葡萄、枸杞、树莓、西红柿等沙地经济作物提供了良好的生长条件。经专家考察论证，闽宁镇属于全中国乃至世界上生产优质酿酒葡萄的最佳生态区之一，发展酿酒葡萄产业优势、地理优势、资源优势明显。为此，永宁县委、县政府立足优势，把葡萄酒产业作为农业增效、农民增收的支柱产业来抓，作为宁夏中南部生态移民脱贫致富的重要途径。

（二）引进现代农业种植企业发展沙地规模种植

永宁县政府通过招商引资，先后引进巴格斯、中粮、类人首、德龙、立兰等十多家葡萄酒企业，同时引进宁夏佳闽农业科技开发公司、宁夏青禾农牧科技开发有限公司等西红柿、红树莓种植企业。由于闽宁镇地区土壤较为贫瘠，玉米、小麦等粮食作物产量较低，经济效益差，且由分散农户进行土壤改良成本较高，因此致力于发展规模种植。现代农业种植企业引入后首先进行土地流转，采用规模化经营的同时投入大量资金进行土壤改良，便于种植经济作物。

为了发展酿酒葡萄种植，闽宁镇政府投入建设了道路、水库、引水设施等，成立葡萄酒培训学院。自治区葡萄酒局作为厅级单位响应自治区号召搬到闽宁镇，创办红酒一条街，为葡萄酒业的发展提供了多种平台。作为贺兰山东麓葡萄酒集中销售的地方，政府还建立共享酒庄（红酒博物馆），现已

建成并投入使用，为中国葡萄酒品鉴大会做准备。

葡萄酒企业的代表立兰酒庄于2011年入驻宁夏，现有1500亩葡萄，年产量500—600吨。葡萄园共投入3800多万元，有完整的管理体系，已获得中绿华夏的有机认证。酒庄坐落于贺兰山东麓葡萄产区核心地带，这里曾被英国葡萄酒大师简希斯·罗宾逊誉为中国葡萄酒最具潜力的产区。自然气候条件优越，土壤矿物质含量高，保障了优质酿酒葡萄，奠定了立兰酒庄高品质葡萄酒的基础。酒庄总经理认为："葡萄酒产业是一种能提升闽宁镇文化品位的产业，必须要对标国际上的高端葡萄酒。因此，立兰酒庄作为农业产业化的优秀龙头企业，生产的每瓶酒都可追溯，消费者通过扫描二维码可以查询基地气象信息、基地图片、葡萄种植、采摘、生产加工、储藏、运输等整个环节的详细信息，清楚地了解到立兰葡萄酒的高标准种植和酿造过程。"

目前，闽宁镇已发展葡萄种植面积8万余亩，占宁夏全区种植面积的14%，培育和引进了德龙、立兰、中粮等4家葡萄酒龙头企业，建成酒庄13家，年产葡萄酒2.6万吨，并建成闽宁红酒街，吸引33家优质酒庄入驻，着力打造贺兰山东麓共享酒庄，已建成全区葡萄产业特色小镇。葡萄酒企业每年为农民提供技术培训、酒庄和葡萄酒庄园就业机会、收购葡萄等服务，

图4-1　闽宁镇万亩葡萄一隅

促进了农民的技能提高、就业增长、收入提升，产业益贫特征突出。

同时，闽宁镇还积极引进多种类型的企业，发展适宜本地气候条件的经济作物种植。位于闽宁镇园艺村的佳敏设施农业的母公司是佳音帐篷公司。其主要发展模式是通过实地建设温棚并实际经营，真实地展示温棚的效果，做好宣传工作，以扩大自己在西北地区的市场。公司共有2个园区，其中，园艺村的园区占地230亩，建设52栋棚，60多名工人，2名技术人员，除技术人员外，员工均来自周边村庄。由于本地村民种植技术有限，目前在闽宁建好的温棚都是企业种植，尚未进行承包，公司表示如果农户技术成熟且有意愿承包可以承包后自己种植。当前每个棚每年租金8000元，租金收归村集体所有，作为村集体经济收入的主要来源。大棚内主要种植宁夏本地西红柿，由于本地气候温差大，西红柿品质好，产品均通过与公司对接的专业电商平台进行销售。

经过几年的发展，闽宁镇已经形成以酿酒葡萄种植为主、多元种植共同发展的沙地种植产业。

二、"出户入园＋养殖企业"：传统养殖产业转型升级

（一）政府统一建设养殖园区，农户养殖"出户入园"

闽宁镇的移民有家庭院内养殖传统，且当地牛羊肉品质优良。但是传统的家户经营规模较小且分散，不利于防疫以及规模效益的实现。2018年，国家为改善农村人居环境、建设美丽宜居乡村实行环境整治行动，对农户传统分散养殖方式进行了改造。在乡村，由于邻里之间的物理距离很近，正所谓阡陌交通，鸡犬相闻，一家养牛意味着周围几户要共同面临一样的卫生和疾病风险，还可能会造成不必要的纠纷和矛盾。所以，永宁县人民政府推出"出户入园"政策，在闽宁镇升级改造肉牛、肉羊集中养殖园区。政府依据辖区散养户出户入园数量，规划改扩建、新建不同畜禽散养户的

出户入园集中养殖区，引导散养户入园进行统一管理，同时还开展散养户入园托管、入股等集中养殖模式的探索和创新。由政府出资对集中养殖园区进行升级改造、畜禽粪污资源化综合利用和标准化建设等，稳步提升养殖园区建设标准和质量，确保养殖园区运行稳定、发挥作用。此外，"出户入园"方案针对贫困养殖户制定了具体的倾斜政策。第一，经签定入园协议并进入指定园区饲喂的贫困户，每户给予一次性补助 3000 元；非建档立卡户按照 50% 给予补助；政策期内每户只享受一次补助。第二，建档立卡户出户入园年内饲养牛 3 头以上，存栏 6 个月以上，每头给予 1000 元饲草料补助，每户每年最高补助 10000 元；出户入园年内饲养 20 只以上，存栏 3 个月以上，每只给予 200 元饲草补助，每户每年最高补助 10000 元。非建档立卡户按照 50% 给予补助。牛羊养殖实行每月动态登记及备案，每户每年只享受一次补助政策。但是，对出户入园在集中安置区内养殖牛羊，粪便不按规定清理到指定地点堆放或无害化处理的，不予补助。第三，对政府投资建设的集中养殖园区，由村委会和村民代表大会确定租赁费标准，对建档立卡户的圈舍租赁费按照 50% 收取。对于贫困户而言，出户入园政策取代了之前零散的小规模养殖，由政府提供公共的养殖场地等配套的基础设施，贫困户享受优惠租金的基础上签订协议入园养殖。此外，贫困户还可以通过小额信贷扩大自己的养殖规模，扩大收益；在销售方面，政府引进粤籍企业广州传记潮发餐饮公司，通过"公司＋合作社＋农户"模式，与合作社、养殖大户及闽宁镇建档立卡户签订肉牛收购订单，促进肉牛养殖规模化、标准化、产业化发展。

（二）引进养殖企业发展规模养殖

在政策支持下，闽宁镇实行"企业引领、大户带动、出户入园"的规模化养殖模式，引导农民重点发展规模化的养殖业。建立了永宁县移民肉牛养殖创业园，采取"公司＋基地＋农户"的方式引进畜牧业龙头企业入养殖园区，从技术、资金、管理方面提升养殖质量。银川市专门出台《落实促进闽宁镇经济社会快速发展意见责任分工》，在大力发展特色养殖业方面，引进龙头企业和培育大户进行规模养殖，支持肉牛养殖企业建立养殖基地，鼓励养殖企业在闽宁镇投资建设养殖园区，实施"企业＋农户"的合作养殖模式，企业建设养殖圈舍由政府补助，并对购买基础母牛的农户进行一次性补助。

宁夏犇旺生态农业有限公司是集肉牛高效养殖、饲草料种植、新技术示范推广、新型职业农民培育实训、产业扶贫带动为一体的新型肉牛标准化养殖企业。公司养殖基地位于永宁县万亩草畜产业带核心区域，占地面积320亩，总投资9800余万元。按照《自治区标准化肉牛场建设规范》已建成标准化牛舍26栋3.5万平方米，存栏肉牛3500余头，主要以安格斯、西门塔尔品种为主。公司积极响应自治区党委、政府关于推进优势特色产业提质增效、加强农业现代化的部署要求，积极推进粮改饲项目，流转周边村镇土地1000余亩种植青贮玉米与苜蓿，通过与宁夏农林科学研究院的专家技术团队联合实施"肉牛高效养殖与循环农业技术研究与示范"项目，研究探索"以养带种"，大力发展规模化高效养殖业，构建高效转化、高效生产的现代化肉牛产业体系及适度规模肉牛养殖的"种养加销"一体化的从田间到餐桌的全产业链生产经营模式，促进一二三产业融合发展。

在养殖园区及"出户入园"养殖示范村的带动下，全镇规模养殖大户快速增加，养殖产业结构得到升级改造，形成了散户"出户入园"与企业规模化养殖相结合的养殖产业发展形式。

三、产业创新：电商扶贫从"心"出发

（一）平台搭建：打造电商扶贫车间

在中国的扶贫经验中，既有自上而下的政府行动，也有自下而上的社会

活动，电商扶贫就是其中之一。电商扶贫不仅将现代生产力注入贫困乡村，同时也迭代了落后生产方式和传统生产关系。"电商扶贫"乃是基于贫困地区小农经济的生产特点，通过大数据、云计算和分布式人工智能技术，将分散的农业产能和分散的农产品需求在"云端"拼在一起，将农产品由"产销对接"升级为"产消对接"，为贫困户提供长期稳定的订单。闽宁镇基于自身的地理位置、经济发展和人文环境，借助电商扶贫模式，从"心"探索出了一种电商扶贫"闽宁模式"。至少可总结为以下两方面经验：一是搭平台——打造电商扶贫车间；二是聚产业——完善电商新生态圈。

针对电商业务碎片化的问题，闽宁镇建立了统一的产业集聚平台——禾美电商扶贫车间。闽宁禾美电商扶贫车间是一个集生产、加工、销售、品牌培育、就业服务、电商创业孵化、技能培训于一体的电商扶贫示范基地。按照中央、自治区、市、县关于脱贫攻坚的各项决策部署，立足原隆村经济发展基础，按照扶贫车间创建标准，充分发挥企业的渠道资源、运营技术优势等，在东西协作对口资金和政策的支持下，充分发挥企业的渠道资源、运营技术优势等，落户原隆村，成立禾美（宁夏）网络科技发展有限公司，努力通过培育闽宁农产品品牌、培养技术人才、带动贫困户就业等方式助力精准扶贫、推进乡村振兴。通过"企业＋扶贫车间＋贫困户"模式以及技能培训、就近就业、农产品销售、消费扶贫、市场化运作、培育宁夏扶贫公共品牌等一系列举措，使贫困劳动力就地就近转移就业，既可为企业降低用工成本，又可为本地群众创造更多的就业岗位，使贫困家庭稳定增收，同时可在一定程度上解决"留守妇女"和"留守儿童"问题，增加农户收入、村集体收益，助力脱贫攻坚。

车间还通过"以工代训、订单培训"的方式提升贫困群众劳动技能，在援宁工作队和扶贫车间的共同努力下，培育出了"援宁干部李镇长"和"闽宁巧媳妇"直播带货团队，不仅可直接解决44名建档立卡贫困户稳定就业，还能间接带动宁夏农特产品走出去，先后被央视《新闻联播》、《人民日报》、新华社、央广新闻等媒体报道。目前闽宁禾美扶贫车间共录用原隆村员工52 人，其中建档立卡 44 人，稳定就业 35 人（建档立卡户 25 人），90% 为女性员工，平均工资 2400 元 / 月。

2020 年，闽宁禾美电商扶贫车间在各级部门的关怀下，依托资源渠道优势，生产加工宁夏知名特色扶贫产品、建设消费扶贫平台、联合村集体经济共赢，推出宁夏特产闽宁镇消费扶贫系列产品。搭建"闽宁禾美扶贫商城"网络销售平台。在福建省消费扶贫的推动下，上半年销售额达到 600 余万元，预计全年销售额将达到 1200 万元，创造了闽宁协作产业扶贫的新业态，有效实现了贫困群众"足不出户、就地致富"目的，做到了扶贫与扶志、扶智相结合，实现从"输血式"扶贫向"造血式"脱贫转变，为闽宁镇稳定精准脱贫贡献了力量。

（二）产业集聚：完善电商新生态圈

完整的电商生态圈不仅仅包括运营、仓储和物流等几个部分，健康持续的发展更需要孵化和服务等配套功能的完善。无论是从短期经济效益而论，还是从长期可持续发展来看，闽宁镇着力打造的现代化、在线化和市场化的"电商 + 直播 + 短视频"电商新生态圈在帮助农产品实现标准化、规模化、产业化管控以及增加农民群体收入方面都有着很大的促进作用。一、闽宁镇发展农村电商有助于拓宽推动乡村振兴战略的实施；二、闽宁销售渠道，助力农资供应，促进扶贫产业的生产和经营活动，通过直播所具备的强大内容承载力，可以更真实、更直接地反馈产品信息，再加上闽宁镇干部、"明星"主播为公共区域品牌带货，拉近了消费者与乡村供货源之间的关系；三、闽宁镇借助短视频从生活展示转向产业发展，探索闽宁镇文旅融合发展，构建农村产品营销全产业链，逐渐实现向各类服务业和相关配套产业的延伸，不断开拓闽宁镇发展新局面。

闽宁镇创新电商扶贫，结合扶贫助农带货新模式——"直播带货"，携手本地"明星"、企业家等化身"新农人"，利用禾美扶贫车间的"闽宁巧媳妇儿""李镇长赞闽宁"等电商形式，让消费者的视角走进大山深处，前往主播直播间刷脸、带货。这不仅成为闽宁镇打通产业发展全链条，突破渠道限制，集结一切可能让精准扶贫效益最大化的综合扶贫，而且也带来"流量"、传播"能量"，在创新道路上不断寻求突破。

"闽宁巧媳妇儿"主要以建档立卡户女性为创业主体，于每周六晚8点快手直播间分享农产品、生活小窍门等知识内容，旨在通过闽宁镇的巧媳妇们直播实现电商创业、脱贫致富。"爱喝金丝皇菊配枸杞的美女们，一定要尝尝咱们宁夏特产！"2024年11月11日，闽宁禾美电商扶贫车间，"巧媳妇儿"马燕对着镜头熟练地向网友"安利"当季农产品。过去只会种地带娃的她没有想到，有一天自己能从深山走进工厂，还坐上直播台，当起了带货"女主播"。马燕自小生活在宁夏固原山区，娘家地处西吉县偏城乡偏城村，20岁嫁到原州区中河乡红沟村。"婆婆家有80亩地，

图4-2 "闽宁巧媳妇儿"正在直播中

种些麦子、胡麻、洋芋、豆子。干旱少雨的年份，根本收不了多少粮食。"在马燕的印象中，算上娘家的收成，一家十几口，一年收入最多也就两三万元。

"李镇长赞闽宁"是由福建厦门在闽宁镇挂职帮扶的副镇长发起，与闽宁禾美电商扶贫车间共同打造的公益助农直播，旨在通过抖音直播带货，助力销售闽宁镇扶贫助农产品，并宣传美丽的戈壁滩特色小镇，通过闽宁协作桥梁，将宁夏好的产品带到福建，并销往全国，实现公益助农、电商扶贫。目前李镇长直播间已经得到粉丝认可，并与多名网红县长建立直播连麦互动，共同通过直播间销售扶贫产品的方式服务当地。

图 4-3　"李镇长赞闽宁"正在直播中

从闽宁电商扶贫模式的成效来看，相比传统漫长的市场反馈机制，大大减少了供给侧与需求侧的信息不对称和信息差问题，闽宁镇农民可以根据在电商扶贫车间中收到的信息反馈，合理调整生产计划，一定程度上促进了农业发展的市场化进程。之后，再随着闽宁镇当地产业的不断深入改革，一旦可以实现作业标准化、源头可控化，离农产品品牌化也就不远了，届时可激活闽宁镇农村电商进一步发展，消除中间差价，实现农产品流通的最短链路，让优质农副产品直接面向全国乃至全球市场，为闽宁镇农民致富、农村发展拓展了新可能，真正达到脱贫脱困的目的。

四、推动产业结构调整，优化本地产业布局

与东部地区相比，闽宁镇产业发展相对原始粗放，主要体现为产业发展结构单一，一产占比较大，二、三产业发展相对滞后，产品附加值低，产业链较短且市场开发程度有限，缺乏长期的产业规划等。在东西协作与精准扶贫的双重政策背景下，闽宁镇着眼于长久，在顶层设计上对本地区的产业结构进行调整，引进闽籍企业富贵兰服装公司、宁闽合发双孢菇加工项目，同时引进宁夏亚通创新材料有限公司、华盛绿能农业科技有限公司、红树莓休闲度假园区等二、三产业，不仅为本地移民拓宽了就业机会，还间接推动了本地区的产业结构转型升级。闽宁镇拥有丰富且廉价的劳动力，得天独厚的自然环境以及有待发掘的西部市场空间，也成为福建省劳动密集型产业进行转移的优先选择，在承接产业转移的同时也推动了本地区社会经济的发展。有研究证明，承接产业转移是欠发达地区获得快速发展的重要途径，对缓解贫困具有重要作用。

作为东西协作的典型代表，富贵兰（宁夏）实业有限公司成立于2019年，坐落于宁夏闽宁镇，厂房占地面积58.8亩，建筑面积17000多平方米，是一家专门从事学校服装纺织布料、服装加工的企业。企业共有新、老厂房各一个，100多名工人。2019年5月，公司新厂房开始运营投产。公司服装生产主要以棉服为主，销往匈牙利和巴西。据该企业负责人讲述，相较于东部地区，宁夏的劳动力资源更丰富且价格较低，是企业决定从福建转移到闽宁镇的主要原因。在企业发展过程中，他积极响应脱贫攻坚事业，在招工时优先考虑建档立卡户，为了能让女工安心工作，还开设"四点半课堂"服务。现在，负责人全家已迁移到宁夏，在这里扎下了根。

第二节　共存共赢：多主体参与扶贫产业

2018 年 2 月 12 日，习近平总书记在打好精准脱贫攻坚战座谈会上的讲话中指出，产业增收是脱贫攻坚的主要途径和长久之策。[1] 如何巩固脱贫成效，实现脱贫效果的可持续性，是打好脱贫攻坚战必须正视和解决好的重要问题。同时，他还强调了产业扶贫和易地扶贫搬迁的重要性，产业增收是脱贫攻坚的主要途径和长久之策，现在贫困人口吃穿不愁，农业产业要注重长期培育和发展，防止急功近利。闽宁镇产业的发展经历了一个从"共存"到"共赢"的过程，政府、企业、贫困户、非贫困户在这个过程中彼此接触、磨合、调整，最终达到了和谐共赢的目的，这也表明，扶贫产业在建立和发展过程中需要多方参与，构成完整的发展链条，在"共赢"的发展导向下携手并进。

一、政府引导：以制度保障益贫产业利益联结机制

（一）财政专项资金的注入突破经营主体投资不足的约束

精准扶贫政策实施以来，产业扶贫政策由以往的政府主导向政府引导转变，经营主体类型包括龙头企业、农民合作社、家庭农场、种植大户以及其他个体经营者。闽宁镇政府在其产业发展过程中起到了绝对的主导作用。首先，政府是产业发展政策的制定者。为了让贫困户能够"真脱贫、脱真贫"，嵌入到当地社会经济发展的框架中，闽宁镇政府从一开始就摒弃了"无规划论"，制定了周密的产业规划，并且落实到位，从政策上保障产业扶贫的持续推进。其次，政府是项目资源的分配者。产业扶贫多以项目

---

[1]　习近平：《在打好精准脱贫攻坚战座谈会上的讲话》，《人民日报》2018 年 2 月 12 日。

制的形式落地，在项目自上而下进行分配和转移的过程中，地方政府是主要的项目分配者。因此，闽宁镇政府多通过项目补贴、项目打包、项目分配的方式将产业发展资金注入经营主体的产业发展中，包括但不限于企业、合作社、大户等。项目资金的注入为产业的发展提供了有力的支持，突破了经营主体投资不足的约束，特别是对经营主体扩大生产规模、开发新产品提供了重要帮助。对于规模较小的经营主体，由于其在市场中贷款时不具有资本优势，政府的扶贫产业项目就可以为其解决部分资金不足导致的生产困境。

政府在进行资金扶持时多以扶贫信用贷款、将扶贫资金直接入股企业获得分红、企业发展奖励资金等方式对经营主体进行资金帮扶。除项目外，政府还通过相应的税收优惠及消费扶贫上的便利缓解了各类经营主体的资金不足问题。财政扶贫资金撬动了经营主体的资本投入，在引导资源配置上提供外部干预，改变了市场条件下资源配置不利于贫困人口的结构现实，在追求社会公平目标上发挥了重要作用。

同时，闽宁镇还接受了大量来自福建的援助资金，先后有 20 个帮扶单位、30 余名援宁干部和专业技术人员、10 余家企业参与闽宁镇帮扶建设，累计投入各类援助资金 25620 万元，通过产业带动实现了贫困人口 6277 人就业，其中吸纳建档立卡户 214 人。

（二）政府部门监管经营主体和扶贫资产，确保扶贫目标实现

通过扶贫资金的注入，政府部门形成对经营主体和扶贫资产的监督和管理，确保扶贫目标的实现。各级党委和政府是扶贫项目首要负责人，精准扶贫实施以来在政府财政扶贫资金持续增加背景下，中央和地方建立了严格的考核评估制度。如国务院扶贫办、省级政府组织的扶贫成效年度考核及第三方评估，考核的重要内容就是产业带贫效果。在大量扶贫资金以不同形式投向产业项目时，永宁县政府为确保扶贫资金使用安全，专门制定扶贫资金管

理办法，对资金使用范围、扶贫资产权属、受益对象以及贫困户收益分配均做出明确规定，一方面确保扶贫资金使用合法合规，另一方面也对经营主体的扶贫责任形成监督，降低扶贫资金使用风险的同时确保政府扶贫目标的实现。

二、企业主导：兼具经济效益与带贫益贫双重属性

首先要明确的是，扶贫企业在一定程度上要遵循市场逻辑来获得收益。益贫产业也是一样，必然要遵循市场逻辑来获利，扶贫企业只有壮大自身实现良性发展，才能更有能力产生带贫益贫效果。

其次，益贫企业在发展中可以通过多种方式实现带贫益贫效果。市场逻辑下，资本总是流向生产效率更高、利润更大的产业部门，由此引发对产业工人劳动力素质要求更高的需求。但是在政府扶贫就业政策干预下，通过土地流转、税收优惠及扶贫贷款为企业提供便利和支持，使资本流向农村和农业部门成为可能，并将政府投入的回报转化为贫困户收益。

现代企业在闽宁镇发展过程中起到了重要作用，直接参与到了扶贫工作中，通过为贫困户提供就业岗位吸收了本地区大量劳动力，同时通过技术指导、溢价收购的方式帮助贫困户脱贫增收。首先是通过吸收贫困户成为员工的方式带动贫困户增收。如本地的葡萄酒产业，在其发展过程中每年都需要大量劳动力，贫困户通过转变身份成为产业工人在葡萄园中从事农业劳动，实现脱贫增收；其次类似富贵兰、禾美扶贫车间等加工企业，提供长期工作岗位，经过短期培训上岗；最后如犇旺企业，在农户养殖过程中免费为其提供技术指导以及部分消毒防疫设施，并在收购贫困户所养牲畜时以高于市场价 10％的价格进行收购，将部分利润直接转让给贫困户，助其脱贫。更重要的是，企业在实现自身壮大的同时也通过现代企业理念的传递、影响了乡村社会的总体发展，解放了移民传统的发展思维，为乡村振兴创造了思想条件。

闽宁镇的原隆村引进了红树莓企业，每年流转土地缴纳租金130万元，合同为30年，可以使原隆村百姓长效受益；同时园区景区内的餐厅服务人员、田园管理员等，长期雇佣50—60个工人，工人每月固定收入最低2700—2800元；由于红树莓无法使用机器采摘，需要大量雇工，雇工大多来自原隆村周边，最多500人，采摘按照1公斤5元支付工资；国家财政部门、劳动部门的扶贫资金下拨给村集体，企业使用资金需要按照每年8%的标准给老百姓支付利息。企业对闽宁的带动发展改变了老百姓的生活轨迹，有些建档立卡户从普通工人干到园区副总，年收入7万元，还有的建档立卡户家里买了小汽车。现在，原隆村农民可持续收入的25%以上来自红树莓基地，红树莓企业成为实实在在的扶贫龙头企业。

三、农户主体：贫困户多层次参与产业发展的几种类型

贫困户参与扶贫产业的方式主要包括就业嵌入、收益分红、自主经营、劳务输出四种形式，在不同类型中政府的扶贫资金投入以及农户的收益方式存在差异，但均具有益贫性质，在解决贫困劳动力生计困难、促进农民增收方面发挥了重要作用。在现代农业的转型过程中，贫困户通过村集体把土地流转给企业，解放了部分劳动力，拓宽了原有的生计方式，以生产者、务工者和土地流转方等多重身份参与到特色产业的多元发展中，增收渠道也由单一的生产性收入转变为"土地流转租金＋务工收入＋订单农业收入"三合一。

（一）就业嵌入型：作为产业工人的贫困户

就业嵌入型的扶贫方式是将贫困户吸收到产业链中，为贫困人口创造一个就近就业的空间，这部分人多为无法外出就业的农村留守人员和贫困人口。酿酒葡萄种植基地、养殖园区、设施温棚、扶贫车间等建在村庄周围，

在其中务工的同时还可以兼顾家庭。在闽宁镇，不固定的工作如受雇于葡萄酒公司。每年3—4月开始一直到11月剪枝完毕，葡萄酒公司需要雇佣大批工人从事除草、采摘、剪枝等工作，工资水平为每天90—100元，贫困户通过受雇于葡萄酒公司获得工资性收入，同类型的种植公司在闽宁镇还有白萝卜种植基地、红树莓种植基地、桃园等。固定的工作如受雇于扶贫车间、服装厂等企业。二者共同的特点为全年都可参加，岗位、工资、工作时间更固定，不受植物生长周期的影响。贫困户通过在服装厂打工、在扶贫车间从事分拣、简易加工、包装等环节获得工资。以上两种工作形式都是贫困户通过参与到企业生产环节中获得劳动报酬，其身份从单纯的农民转变为产业工人，身份与劳动方式都发生了重大变化。

（二）收益分红型：作为股东的贫困户

"光伏扶贫工程"是新时代打好精准扶贫攻坚战、落实乡村振兴战略的重要保障，是高质量脱贫与乡村经济发展之间的有效纽带。闽宁镇重视光伏扶贫，经过三年的摸索与实践，原隆村光伏扶贫项目逐步形成了"企业建设—农户收益—政府协调融资—村集体入股—企业兜底托管—壮大村集体经济、企业微利、贫困户长期收益"的市场化运作的"原隆模式"。

2015年5月7日，自治区扶贫办、自治区发改委能源局上报国务院扶贫办、国家能源局备案后，印发了《关于组织开展2015年度光伏扶贫试点项目的通知》，闽宁镇原隆村列为首批试点，获得指标5MWp，之后由中科嘉业研究院成立"永宁县中科嘉业电力有限公司"，在原隆村开展光伏扶贫试点项目，2016年6月30日并网发电。"原隆模式"发展历程为：第一阶段，宁夏中科嘉业新能源研究院全额投资4250万元建设闽宁镇原隆村光伏扶贫项目，项目涉及农户1635户，其中建档立卡贫困户771户，年发放光伏屋顶租赁费每户300元共49万元；第二阶段，原隆村以自治区光伏扶贫专项资金80万元作为本金入股中科嘉业电力有限公司，占股

7.41%，年分红 15 万元，永宁县整合资金 500 万元作为担保金注入汇发银行，为中科嘉业融资 2000 万元，企业每年捐赠原隆村 60 万元，原隆村年收益 75 万元；第三阶段，按照《关于对 2015 年度光伏扶贫试点项目电站开展回购工作的通知》要求，永宁县整合资金 822.48 万元下拨原隆村，原隆村将资金注入中科嘉业，并重新注册成立"永宁县中科嘉业电力有限公司"，原隆村入股资金达到 902.48 万元，占股 49%，年平均收益约为 157万元，25 年投资总收益约为 3776.14 万元，分红资金 30%用于壮大村集体经济，70%用于建档立卡贫困户，特别是无劳动能力、无生产经营发展项目的特困户扶持。

"原隆模式"通过"企业垫资、政府协调融资、村集体入股、企业捐助、村集体及农户受益"的资金筹措方式，不仅解决了地方政府光伏资金短缺和企业融资难题，还解决了"空壳村"问题，同时壮大了村集体经济并保障了建档立卡户受益。下一步，企业逐步退出，由村集体 100%持有股权，电站运营委托至企业，由企业负责电站运维及管理，电站所得收入归集体及村民所有，可让村集体和百姓在电站 20 年的运营期内 100%获得收益。

（三）合作共赢型：作为经营主体的贫困户

除了在葡萄园中打零工、在服装厂工作之外，还有一部分贫困户依靠主动经营脱贫致富，他们主要从事一产中的种植、养殖经营，通过承包一片公司的种植基地或者扩大养殖规模的方式提高收入。这是一种渐进式的增收方式，由于贫困群众本身所具有的发展资源较少，发展能力不足，较大的职业跨度和经营方式的转变并不利于贫困户的稳定脱贫。因此，闽宁镇政府在确定产业发展思路时鼓励贫困户基于自身发展特长从事较为熟悉的一产，减少发展风险。同时，政府以多种形式引导其发展，在精准扶贫政策的帮扶下，自主经营有了"小额信贷"的支持，大大缓解了贫困户缺少发展资金的困境。由政府对接企业，帮助贫困户与企业签订购销合同，为小农户进入市场建立稳定销售渠道保证其农业经营收入。"我们一家是从去年开始种植奶瓜瓜，其中农药、化肥都是企业提供的，自己在种植的过程中不需要任何成本投入。收获的奶瓜瓜直接卖给企业，统一定价 15 元／斤。种植基本不需要培训，主要就是每天去除草，因为奶瓜瓜基地的草长得很旺盛，会影响后续的产量和质量。关键是自己的辛苦程度直接影响产量，产量决定收益，去年我卖了 1.4 万元，效果很好。"（园艺村贫困户）。

（四）劳务输出型：实现脱贫的重要动力

劳务输出是解决移民社会适应难题的重要办法，是应对移民收入困难的核心渠道，是带动移民脱贫致富的关键。当地政府严格围绕"稳就业保民生"中心工作，大力实施积极的就业扶持政策，对建档立卡贫困劳动力和劳务移民就业情况、务工意愿和岗位需求等情况摸排，加大政策扶持力度，鼓励劳务输出，有效促进劳动者就业增收。劳务工作在一些农村甚至成为第一产业，劳务成为家庭收入的主要来源，群众收入的 80% 都来自于劳务，包括政府组织、自发组织以及劳务经纪人带领等多种形式，而且会细化到专门的水利、运输、农场等领域。

劳务输出长期作为一种不公平的人力资源转移方式受到批评，因为跨区域的劳动力转移只会促使廉价劳动力不断对外输出，企业不断压低工资、弱化农民工福利来最大化企业利益，难以实现本地致富的目的。而且大批量的劳动力转移也会加剧输出地的社会问题，"留守儿童""留守老人"照料成为难点，加剧了女性的家务照料压力。闽宁镇在此基础上发展了本地就近劳务输出，劳务经纪人和创业带头人有组织地展开劳务输出工作，建立了稳固的劳务输出渠道。

政府首先积极增加就业岗位。政府可以借助挖掘内需的方式发展普惠性养老和托育服务专项行动，发展一批品牌家政企业，吸纳女性就业；政府同样为企业提供财政贴息支持，通过对返乡创业农民工、网络商户、劳务经纪人，以及自主创业农民等重点就业群体提供最高贷款额度为 15 万元，且贷款期限最长不超过 3 年的贴息贷款支持帮助劳务经纪人应对资金周转困境。灵活就业和新业态就业同样得到支持，对于就业困难人员享受灵活就业社会保险补贴政策期满但是仍未实现稳定就业的，政策享受期还可以延长 1 年，而且对于吸纳农民贫困劳动力较多且符合条件的就业扶贫示范基地给予政策扶持。

政府同样鼓励劳务经纪人带动就业。为提升劳务经纪人技能，就业服务机构专门制定劳务经纪人年度培训计划，分期培训组织实施，建立培训台账，提高劳务经纪人队伍的整体素质。而且在每年培训合格的劳务经纪人中择优选择一批遵纪守法、有社会责任感、组织协调能力强的人员作为就业扶贫劳务经纪人，开展人力资源服务和创业培训，调动劳务经纪人参与脱贫攻坚，切实发挥劳务中介组织和劳务经纪人作用，提高劳务输出组织化程度。为鼓励劳务输出，政府会对劳务中介组织、劳务经纪人组织农村转移就业人员在企业就业 6 个月以上的，凭用工单位出具的工资证明和工资发放银行留存证明，给予劳务中介组织或经纪人 200 元 / 人的就业创业服务补贴；对自愿参加城镇职工社会保险的劳务经纪人中的"4050"人员，纳入城镇灵活就业人员社会保险补贴范围，而且对脱贫成绩突出的劳务经纪人加大表彰力度，鼓励带动更多有就业意愿的农村贫困劳动力就业。再加上闽宁镇的移民属性，年轻、有劳动能力的移民持续注入能够为劳务输出奠定良好的基础。

就近劳务输出首先避免了流动人口的异地管理难题，减轻了当地移民的社会管理问题。农民就近务工首先不会与城市居民共同争取社会公共资源，减轻了城市人口管理压力。再加上我国对流动人口管理的不断完善，农村基础设施不断完善，城乡居民医疗服务体系与社会保障服务的建立健全提升了农民的生产生活条件，农民就近就业的意愿增加。

劳务输出解决移民的生计难题，相对自由的零工与水利务工与务农工作相协调，实现家庭收入的稳步提高。水利劳务输出经纪人告诉我们，"劳务工作周期集中在春秋两季，基本是 3 月中旬—5 月 1 日，之后农民会返乡种植玉米，现在农业作物，收割和栽种都是机械化，很方便。夏季我们会组织零散性的务工，等 9 月中旬玉米收成后我们会统一继续外出，一直到10 月底，一年工作周期有 4—5 个月。"（劳务经纪人）虽然工作周期较短，但是工资待遇并不低，因为是高强度体力劳动，女工工作强度略低，所以工资在 200—300 元 / 每天，男工集中在 400—500 元 / 每天，收入较可观。而且已婚 30—50 岁村民更具家庭责任感，工作效率和质量更高。

第三节 综合发展：产业扶贫的社会效益

精准扶贫工作应该既注重经济效益又注重社会效益。相对于经济效益来说，社会效益的实现更困难但是其影响更全面也更深刻。闽宁镇在推动产业扶贫相关工作时将实现精准扶贫的社会效益放到重要位置。回顾闽宁镇的发展历史，东西协作扶贫以及精准扶贫工作的推进实现了镇域整体社会经济的发展、村集体经济实力的增强、企业良性发展环境的构造以及贫困户发展内生动力的提升。

一、产业扶贫促进镇域整体经济发展

闽宁镇作为一个移民搬迁镇，在东西协作以及精准扶贫政策的帮扶下，经济社会各项事业蓬勃发展，成功入选全国特色小镇。2024 年，闽宁镇居民人均可支配收入达到 19312.56 元，形成了"特色种植、特色养殖、光伏产业、劳务产业、旅游产业"五大主导产业。截至 2024 年，共有 31 家闽籍企业落户闽宁镇，6 家闽籍企业实现扩资增效，闽籍企业实际投资 4.3714 亿元，带动贫困人口 5503 人，其中吸纳建档立卡户就业 172 人。两地共建扶贫产业园 1 个，进驻企业 9 家，实际投资额 8.4026 亿元，吸纳贫困人口 28

人实现就业。援建扶贫车间 2 个，吸纳就业 110 人，其中贫困人口 24 人。闽宁镇推进"一户四牛一棚一电站"的"4+1+1"精准脱贫模式，即对建档立卡贫困户每户托管 4 头肉牛年，分红 8000 元；光伏农业科技示范园为每户分配 1 栋大棚用于种植经营，年收入 1 万元；振发小型分布式光伏电站项目户均年收入 1 万元。

从 2015 年起，闽宁镇针对 1537 户建档立卡贫困户实施肉牛托管项目，每户托管 1 头或 2 头基础母牛，每户补助托管资金 2000 元。该项目托管肉牛 2523 头，使用资金 2018.4 万元，托管农户分红资金 284 万元，贫困户户均增收 3000 元。2016 年，为 76 户建档立卡贫困户 367 人在壹泰牧业万头肉牛养殖基地每户托管 4 头肉牛，每户每年分红 8000 元。为解决农业增收困难问题，闽宁镇通过光伏扶贫项目，提高贫困户土地利用效率、扩充增收渠道，实现"立体化"农业生产。闽宁镇原隆村引进青岛昌盛光伏企业，建设光伏大棚 588 栋，培育菌菇种植、花卉园艺等方面技术移民 100 余人，为后续移民承包大棚自主创业提供基础。为原隆村 1987 户生态移民住户屋顶安装 4.5MW 屋顶分布式光伏，实施光伏扶贫。综合措施的推进既促进了贫困户脱贫增收，还通过各类型企业的引进为本地区非贫困群众的发展创造了多种平台，产业发展成为了闽宁镇经济社会发展的主要动力。

二、产业发展反哺增强村集体经济实力

除了扶持贫困户的特色种养殖产业，提供扶贫车间及各种社会服务与照料之外，企业还根据闽宁镇的经济发展状况，创造了其他助推村集体经济破零、维持村集体经济持续稳定运转的产业扶贫新模式。

（一）发展设施温棚，采取企业经营、雇佣农户的方式进行运营

因为农户暂无种植设施大棚的技术，且抗风险能力差，需要先把农户吸

纳为雇工在大棚里学习具体的操作技术和管理经验，等农户的技术成熟之后再让其独立自主经营。虽然农产品市场价格受影响，但是设施温棚的农产品回报率还是比较可观的，一栋棚使用寿命在 15 年以上，每年获利区间为 2 万—8 万元，45 栋棚至少能带动 30 户，其获利远远高于政府最初的投资建设成本。目前，温棚由村集体管理，租费可以充当村集体经济。村集体经济活起来之后，可以有闲置资金进行村庄的治理和集体事务的安排，通过集体的收入可以让群众感受到真实的获得感与满足感。

（二）发展光伏产业，由政府的扶贫资金入股为农户进行年底分红

首先通过屋顶光伏，为农户提供每年每户 300 元的屋顶租赁费和每年的分红收益。其次，依托青岛昌盛等企业推行"光伏 +"的发展模式，一方面企业为贫困户提供就业岗位和免费的技术培训，让移民由农民向产业工人转变；另一方面为贫困户提供创业平台，由企业提供设施大棚，并采取减租、免租的方式鼓励生态移民独立经营大棚种植，让移民由产业工人向个体老板转变。

三、产业扶贫增强贫困户内生动力

脱贫攻坚中重要的一环是激发贫困人口的内生发展动力，防止其返贫。正如习近平总书记指出的，"扶贫要同扶智、扶志结合起来。智和志就是内力、内因……没有内在动力，仅靠外部帮扶，帮扶再多，你不愿意飞，也不能在根本上解决问题。"[1]因此无论从哪个角度、层次、方位切入消除相对贫困，作为前提，如何激活农村内生发展动力，都应逻辑上先于那些具体领域的技术性考量。

---

[1] 习近平：《在深度贫困地区脱贫攻坚座谈会上的讲话》，《人民日报》2017 年 6 月 23 日。

（一）贫困户发展思路转变，市场意识逐渐形成

发展内生动力具体表现为个体成员在其自身意愿的支配下选择具体行动，即"智"与"志"带来的"飞"和"先飞"的意愿，以及在此意愿下展开的主动的、持续的行动。农村社群中作为个体的农民的能动性能够被充分调动起来，进而让这种能动性得到充分发挥，落实为客观的行动效果。

闽宁镇移民大多缺乏市场意识。东西协作与精准扶贫政策实施后引入各种类型的现代企业，为贫困户提供了就业机会。在驻村工作队以及村两委班子的鼓励和动员下，贫困户产业发展的内生动力得到很大提升。当地广大贫困群众接触了先进的技术、观念，蕴藏在劳动群众之中的创造力被释放出来，他们主动走出家庭，走出本地区，最终走出贫困。

（二）职业技能水平提高，产业发展能力提升

根据《关于打赢脱贫攻坚战三年行动职业技能培训工作计划》《宁夏回族自治区职业技能提升行动实施方案（2019—2021）》会议内容，永宁县结合精准脱贫能力培训的实际，联合农业农村局、扶贫办、人社局等部门制定2020年精准脱贫能力培训方案。自精准扶贫工作推行以来，类似的职业技能培训几乎每年都有，力求通过培训使每个贫困家庭劳动力至少有1人稳定就业。同时还有"雨露计划"扶贫助学职业教育、实用技术培训等培训项目，年满18周岁以上的建档立卡户学习机动车驾驶证每人给予3000元补助。政府还将培训发展资金直接投入企业，由企业用以工代训的方式对贫困户进行培训，提升其专业技能。

这些措施的实施提升了贫困人口的技能水平，经过培训的贫困户在进入市场后有更强的竞争力，且自主创新创业能力也得到增强，思想更加积极向上，对稳定脱贫充满信心。这种改变在女性群体身上表现尤为突出。闽宁镇产业发展为当地女性提供了大量就业机会，原本留守在家的妇女在工作中表

现突出，自我发展能力不断提升，在家庭中的地位也有了明显改善。在闽宁禾美扶贫车间里，有的妇女经过培训，增加了自信心，从一个不敢开口说话的人到可以在镜头前自如地直播带货。"对于我们妇女，如果去银川打工的话太远了，可能也施展不开。在这里打工给了我们很大的帮助，学了手艺也有了收入，重点就是我们有了稳定的工作，在家里立马就提升地位了。原来还得伸手跟老公要钱，人家给不给还是个事儿。可是现在我们手里也有钱了，想买新衣服也有，买化妆品也有，不像以前那样了。所以扶贫车间给我们这些建档立卡户的妇女带来了很大的变化。"（原隆村贫困户）

第四节 展望未来：后扶贫时代的产业可持续发展

在风险社会背景下，产业扶贫项目的运营面临着市场风险、政治风险、道德风险等各种损害和损失的可能性，导致项目脆弱性增强，难以可持续发展，益贫性减弱。因此，为了保证扶贫产业的可持续发展，应该从建立完善的评估体系、培育和引进人才、从顶层设计的角度通过将短期扶贫目标长期化的方式来提升项目的可持续性。

一、构建产业发展监测体系，减少产业发展风险

扶贫产业最终的目的是发挥其带动、益贫效果，但是扶贫产业的发展不是一帆风顺的，企业在发展过程中不可避免遭遇到来自市场的冲击，包括金融风险、道德风险、政治风险等。例如本地的葡萄酒产业在生产过程中最容易遭遇自然风险，霜冻、病虫害、冰雹等都会导致产量下降，同时还会受到国内红酒市场、国际红酒市场的双重冲击。在引进企业时同样会遇到风险，企业的发展能力、发展资质、设厂动机等也会造成最终的益贫效果与最初目标相左。闽宁镇曾引进过黑毛驴养殖项目，但是该企业在入驻后只享受政府的优惠政策，并没有发挥其益贫效果，拖欠农户土地租金、企业发展能力不

足、市场开拓能力不足等缺陷最终导致该项目破产，退出闽宁镇，造成扶贫资金的浪费。为了避免类似情况再现，政府应该建立完善的产业项目评估体系，相较于贫困户，政府所拥有的资源更丰富、评估手段也更科学有效，因此应该在扶贫产业引进、落地、生产、销售等环节起到评估、监督的作用，保障贫困户的利益不受损失。

二、培育产业发展人才资源，激发产业发展内生动力

人才是产业发展的最终动力，因此应该加大对人才资源的培育。在外务工的农民相对更有眼界、有知识、有技术，要想办法通过政策使他们参与家乡的产业发展中，使他们成为乡村振兴和可持续发展的主要力量。只要家乡有发展机会，在外务工的人是有可能回乡发展的。在调研中我们看到，许多长期在外打拼并有着一定资本积累的农户已经开始投资家乡产业，也有一些曾经插队的知青回到"第二故乡"投资。在闽宁镇，研究生毕业的创业青年沙金龙已经初步建立起了自己的烘焙生产链，立志要在闽宁镇干出一番事业。近几年有越来越多像沙金龙一样的青年回到闽宁镇、发展闽宁镇。因此，在加大对人才培育的同时，政府也要通过政策支持为返乡创业青年提供更广阔的发展平台。

三、把扶贫产业转变为兴旺的乡村产业

扶贫产业不仅仅是为贫困户而建，更是为促进本地区整体社会经济发展提供引擎，使其惠及更多群众。因此扶贫产业要长大，成为下一阶段乡村振兴和可持续发展的支撑，必须注入优质生产要素。一方面，闽宁镇要推动扶贫产业继续惠及更多的普通群众，提高普通农民的技术素质、提升其自我发展的观念，适应产业发展的需求，成为产业发展的人才支撑。吸引优秀人才参与到本地的产业发展中。另一方面，闽宁镇要打造更多人可以参与其中的农业特色产业，使其发展取得长远性和综合性效益。要注重健全选择机制，

因地制宜发展以葡萄酒为主导的多元特色农业产业，同时充分发挥协调作用，为农业特色产业提供完善的基础设施，制定吸引人才回归的优惠政策，让其愿意参与到闽宁镇的发展中，普通群众愿意并能够参与本地产业发展才是产业发展的持续动力。

第五章　俱欢颜：兜底保障保和谐

　　"老有所终，壮有所用，幼有所长，鳏、寡、孤、独、废疾者皆有所养。"[①] 早在《礼记·礼运》中，古人就设想了这样一幅大同社会的美好图景。在决战决胜脱贫攻坚，全面建成小康社会的今天，习近平总书记强调："全面建成小康社会，一个也不能少；共同富裕路上，一个也不能掉队。"[②] 这意味着我们要全面建成的小康社会，必须惠及全体人民，在幼有所育、学有所教、劳有所得、病有所医、老有所养、住有所居、弱有所扶上不断取得新进展，保证全体人民在共建共享发展中有更多获得感，不断促进人的全面发展、全体人民共同富裕。对于完全或部分丧失劳动能力的贫困群体，要采取农村低保等兜底性保障措施，通过"输血"维持其基本生活。因此，必须重视和发挥好兜底保障打通脱贫"最后一公里"的作用，落实政策性兜底保障帮扶措施，解决特殊群体的特殊困难，使其能与其他贫困群众一道顺利脱贫并实现全面发展。

　　2015 年，习近平总书记在中央扶贫开发工作会议上的讲话中提出，要

---

① 《礼记·礼运》。

② 习近平：《在十九届中共中央政治局常委同中外记者见面时的讲话》，新华网，2017年 10 月 2 日。

按照贫困地区和贫困人口的具体情况，实施"五个一批"工程。① 包括了社会保障兜底一批，要求对完全或部分丧失劳动能力的贫困人口，实行政策性保障兜底，统筹协调农村扶贫标准和农村低保标准，发挥低保线兜底作用；加大其他形式的社会救助力度；加强农村最低生活保障和城乡居民养老保险、五保供养等社会救助制度的统筹衔接。2020 年，在决战决胜脱贫攻坚座谈会上，习近平总书记再次强调对没有劳动能力的特殊贫困人口要强化社会保障兜底，实现应保尽保。② 闽宁镇贯彻落实各级政府对兜底保障的目标要求和安排，并根据本镇兜底人口需求、意愿和分布情况创新性发展，形成了以社会救助为基础的特色兜底保障体系。

第一节 成效显著：以社会救助为
基础的兜底保障体系

从一般性社会救助兜底保障措施来看，截至 2020 年年底，永宁县共有城乡低保 5905 户 7199 人，其中农村低保 4472 户 5278 人，建档立卡户中的低保户数占全县建档立卡户总户数的 51.72%；高龄 1743 户 1771 人，其中建档立卡 80 户 80 人、劳务移民 50 户 50 人；孤儿 80 户 100 人；特困供养 230 户 239 人，其中集中供养 44 户 44 人、分散供养 186 户 195 人，享受残疾两项补贴 5410 人。如表 5-1 所示，永宁县 2020 年 1—9 月累计发放全县各类救助资金 3688.64 万元，其中：城乡低保资金 2307.91 万元（城市低保发放 798.56 万元，农村低保发放 1509.35 万元），高龄津贴 706.85 万元，孤儿养育津贴 54.36 万元，城乡分散特困供养资金 133.71 万元，残疾人生活补贴 223.9 万元，残疾人护理补贴 191.5 万元，临时救助资金 70.41 万元，

---

① 习近平：《在中央扶贫开发工作会议上的重要讲话》，新华网，2015 年 11 月 28 日。
② 习近平：《在决战决胜脱贫攻坚座谈会上的讲话》，新华社，2020 年 3 月 6 日。

城乡低保对象（含高龄津贴人员）、分散特困人员、城乡孤儿、201户低收入家庭生活补贴、价格临时补贴、两节困难生活补助共计543.43万元。

表 5-1　永宁县 2020 年 1—9 月兜底保障资金发放与保障人数表

兜底保障项目	资金发放	保障人数
城乡低保	2307.91 万元（城市低保 798.56 万元，农村低保 1509.35 万元）	5944 户 7258 人（城市低保 1472 户 1980 人，农村低保 4472 户 5278 人）
高龄津贴	706.85 万元	1743 户 1771 人
孤儿养育津贴	54.36 万元	80 户 100 人
特困供养	分散特困供养资金 133.71 万元	230 户 239 人（集中供养 44 户 44 人，分散供养 186 户 195 人）
残疾两项补贴	生活补贴 223.9 万元，护理补贴 191.5 万元	5470 人（生活补贴 2699 人，护理补贴 2771 人）
临时救助	70.41 万元	—

目前，闽宁镇共实现保障兜底对象 65 户 195 人，其中，边缘户 5 户 19 人；脱贫监测户 4 户 12 人；未脱贫户 6 户 39 人；一般户 8 户 17 人；建档立卡户 42 户 108 人。各兜底保障措施情况如下：亲属照料 31 户，技能提升 11 户，综合服务 21 户，组织关怀 42 户，弱劳荐岗 12 户，邻里照料 2 户，集中托养 3 户，公益照料 10 户，送餐入户 11 户，就餐服务 5 户，政策倾斜 35 户，司法监督 4 户，康复护理 2 户，企业认领 3 户。如图 5-1 所示。

保障来兜底，小康路上一个也不少

原隆村 56 岁的魏对珠是建档立卡户，家里无儿无女，仅有一个 74 岁的叔父魏牛娃，这一家都是原隆村兜底保障的重点服务对象。原隆村首先摸底统计其家庭情况：拥有砖混住房 2 间，54 平方米，住房安全有保障；耕地 1.2 亩，土地流转 1.2 亩（已流转，享受耕地地力保护补贴 80 元/亩）；转移性收入 1540 元，其中特困 9960 元，地力保护补贴 96

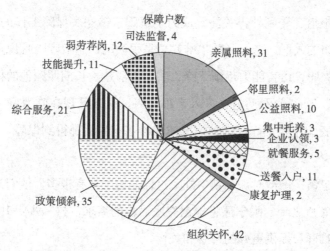

图 5-1 闽宁镇兜底保障情况图

元，养老金 2988 元，70 岁生活补贴 800 元；财产性收入 13844 元，其中土地流转收入 690 元，光伏屋顶租赁 300 元，光伏屋顶分红 550 元；没有养殖和经营，家里仅有一个劳动力，叔父言语 4 级残疾，年龄较大且无劳动能力。原隆村在将其纳入兜底户后，为该户配置桌子和椅子，通过"企业认领"协调企业帮扶该户解决铺地及室内房屋吊顶；通过"就餐服务"安排两位老人到村级老年饭桌集中就餐；采取"综合服务"措施安排专人保障该户每周衣物换洗一次，每月床单被套换洗一次，理发一次，洗澡一次；通过"公益照料"招聘专职照料人员负责魏牛娃基本生活照料，做到老人衣食住行有保障；通过"技能提升"联系辖区企业为魏对珠推荐就业岗位；通过村民小组，安排志愿者每天去魏对珠家里探访，帮忙打扫卫生，监督老人按时到服务中心吃饭，提供"组织关怀"。全方位地保障和提升了魏对珠及其叔父的基本生活。

魏牛娃家是兜底保障的重点服务对象，也作为兜底保障户的代表被《农民日报》报道，受到外界关注，成为了解闽宁镇兜底保障工作的典型案例。面对去探访的人群，老人（魏牛娃）总是很激动，想咿咿呀呀说点什么，但因为早年失聪，语言能力逐渐下降，表达不清楚。长期照顾他的村民小组组长"翻译"说："他看见这么多人来很高兴，说自己现在吃得好、生活好。"保障来兜底，让魏牛娃家这种情况的人群基本生活都得到保障，小康路上，一个也不少。

在闽宁镇，像魏对珠和魏牛娃家这样的情况还有很多，他们只是被报道的典型兜底户之一。闽宁还将根据兜底对象的需求，进一步提升服务能力，着力为困难群众提供更好的帮助和关怀。

兜底保障是打赢脱贫攻坚战的最后一道防线，近年来闽宁镇在扎实推进、创新发展兜底保障工作方面取得了显著的成就，切实保障了兜底对象的基本生活需要，被当地领导高度赞扬，"闽宁镇兜底保障工作发扬了钻研劲头，创新精神，让兜底保障做到了精细化，值得在全市推广。"也正因此，闽宁镇的兜底保障工作得到银川市的高度重视，2020年4月9日，银川市社会保障兜底工作推进会在闽宁镇召开，来自银川市民政局、残联、扶贫办等部门负责人实地观摩闽宁镇玉海村、原隆村兜底保障服务中心和积分超市，并进行座谈交流，"通过观摩学习，我们查弱补强，学习了好的经验，随后也要把兜底保障的做法带到我们村上去，扎实做好脱贫攻坚工作。"当地一位党支部书记在参观后表达了对闽宁镇兜底保障工作的认可。

第二节　政策密网：创新兜底保障措施

闽宁镇根据地方实际采取有针对性的兜底保障策略，推动社会救助政策与兜底扶贫的有效衔接。一方面，闽宁镇贯彻落实中央、宁夏回族自治区以及永宁县对于兜底保障的目标要求和政策安排，织牢城乡低保、高龄低收入老年人基本生活津贴、孤儿养育津贴、特困供养、残疾人两项补贴、临时救助、教育救助、医疗救助等基础性"保障网"；另一方面，闽宁镇根据兜底人口需求、意愿和分布情况，因地制宜、因户因人施策，坚持"缺什么补什么，兜底兜到点子上"的原则，充分发挥专项扶贫、行业扶贫及社会扶贫的资源优势，对全镇符合条件的兜底人员给予立体式、全方位的兜底保障，做到"一村一策、一户一策、一人一策"，紧扣"两不愁三保障"标准，采取亲属照料、邻里照料、集中托养、企业认领、就餐服务、送餐入户、康复护理、组织关怀、综合服务、技能提升、弱劳荐岗、政策倾斜、公益照料、司法监督以及其他共 15 项措施，进行无缝式精准兜底，确保到2020 年底兜底人口与全市人民同步进入全面小康社会，确保不落一人、高质量脱贫。

一、多元主体参与，形成兜底新格局

现代社会治理倡导多元共治，在推动兜底保障方面更应如此。不同主体可以在兜底保障中发挥不同功能，如政府提供基本制度支持、企业提供职业技能培训和工作岗位、家庭提供情感支持等。因此，多元主体的参与可形成互为补充的兜底格局，需要将不同类型的主体纳入兜底保障体系之中，积极促成其互动协作，并在兜底保障的互动协作中定位不同主体的角色和功能。闽宁镇将政府、社会、企业都纳入兜底保障体系，形成了"政府主导保基本、社会参与作补充、企业合作促发展"的兜底保障新格局。

（一）政府主导保基本

兜底保障是脱贫攻坚工程中不可缺少的重要内容，是政府应当承担的重要职能之一，也是其不可推卸的职责。在密织兜底保障网时，由于政府具有其他主体缺乏的强制性、公共性和可持续性，所以政府扮演着保基本的角色，即把控兜底保障的基本方向，满足兜底对象最基本的生活需要。

从闽宁兜底保障实践来看，政府在兜底保障的政策设计和执行上发挥主导作用，闽宁镇政府除了依据上级政策文件调整和落实一般性的兜底措施，还不断探索设计出新的兜底保障政策。2019年11月30日—12月31日，闽宁镇的镇村干部在未脱贫建档立卡户、边缘户、脱贫监测户和重点户家庭中开展摸排工作，将符合条件的兜底对象登记造册，并上报县脱贫攻坚工作领导小组；2019年1月1日—10日，根据摸排登记造册的信息，镇脱贫攻坚领导小组与驻村工作队和村组干部共同入户复核拟兜底对象家庭情况，并确定需要进行兜底保障的家庭和人员；2020年1月11日—31日，村镇领导、驻村工作队、网格员一起探讨，根据摸排情况和兜底户意愿，坚持"实事求是，应兜尽兜"的原则，在征得县脱贫攻坚工作领导小组意见后制定切实可行的《闽宁镇脱贫攻坚兜底保障行动实施方案》印发执行，具有闽宁特色的兜底保障新政策就此形成。

此外，政府在保障兜底对象的基本生活中发挥主导作用。第一，政府发挥直接保障作用，闽宁镇政府通过发放物资和财政转移支付保障兜底对象的基本生活。城乡低保、高龄津贴、孤儿养育津贴、特困供养、残疾人两项补贴等兜底保障政策都是由政府依据固定的标准发放补贴。第二，政府间接发挥保障作用，组织保障物资的提供，承担服务成本。民政、残联、人社、卫健、医保、财政、教体、扶贫等政府部门共同负责兜底保障工作，各项兜底保障措施所产生的照料补贴、公益岗位雇佣费用、建设费用等成本也均由政府财政或村集体收益承担。此外，依据"企业认领"和"政策倾斜"以及"其他"措施规定，由镇政府牵头引入认领企业和社会捐助为兜底户捐赠家具、家电、生活学习等用品以及补贴，全面提升兜底对象的生活质量。

（二）社会参与作补充

社会参与是社会治理的重要力量，在社会生活的许多方面发挥着积极的作用，但社会参与不能替代政府的兜底责任，只是承担具体的服务提供作为补充。在兜底保障实践方面，社会成员应该也必然会有参与及发挥作用的空间，闽宁镇以多种形式引入社会成员参与到兜底保障中并产生了良好效果。具体来说，一种是以政府购买方式引入社会成员提供对兜底对象的服务，在"亲属照料"和"邻里照料"中通过村集体收益补贴照料人的方式，引入法定义务人和邻里提供照料服务。另一种是志愿服务形式，由闽宁镇团委负责招聘大学生志愿者并提供社会实践证明，志愿者为兜底对象提供理发、清洁等志愿服务。"闽宁镇设有照料中心，照料中心需要理发、打扫卫生，通过招聘附近高校的大学生周末过来帮助理发，打扫卫生，做社会实践活动、志愿活动，给他们发证书。在疫情期间，闽宁镇年轻志愿者在市里还获得了一个奖章。"（闽宁镇团委副书记）

此外，社会力量捐赠献爱心也是社会参与的重要形式。闽宁镇依托来自福建的社会捐助帮扶以及对接社会资源所得的捐赠资金，给予特殊贫困群体以"政策倾斜"，对因子女教育导致家庭开支较大的，从厦门国际银行闽都基金会"汇爱育人"基金项目中补贴兜底对象家庭。因病、因残、因灾等情况，必须服用一些特殊药物和使用一些康复器材的（不含进口）且不在医保报销范畴的，上报县脱贫攻坚领导小组集体研究后从社会捐助资金中给予补贴。镇村整理的兜底对象需求清单，也可通过社会捐赠、村集体添置、帮扶单位扶持等形式予以解决。

（三）企业合作促发展

企业作为营利性组织，同样可以承担社会责任，与政府合作提供技能培训或就业岗位等，能够从长远意义上促进兜底保障体系和兜底对象的发展。在闽宁的兜底保障实践中，企业主要通过"企业认领"和"弱劳荐岗"两项措施参与。"企业认领"是指推行企业认领式扶贫，公开向本土企业、闽籍企业和结对帮扶的镇村所在地企业发布认领倡议书，为企业创造联系群众、反哺"三农"的良好机遇。同时，每家企业要签订《闽宁镇"爱心企业"认领结对帮扶承诺书》，为兜底户捐赠衣物、床单被罩等日常生活必需用品，做到走访、座谈、慰问常态化，为兜底户送去关怀和温暖，真正解决兜底户增收难、上学难、创业难、就医难等突出问题。而"弱劳荐岗"则是企业本着"按人设岗、按能设岗"的原则，尽可能地为兜底对象中的弱劳力提供充分的就业岗位，保障兜底对象家庭稳定增收。

"企业认领"送关怀

69岁的张善同患有胆结石，其妻子黄金花也患有关节炎和多重慢性病，两人为离异重组家庭，婚后无儿无女，无人照料。家中有砖木结构的安全住房2间，50平方米，无耕地、无养殖、无经营，家庭收入仅有转移性收入14976元，其中张善同低保B类4500元，养老金2964元；黄金花低保B类4500元，养老金3012元。由富贵兰服装厂与村两委和两位老人签订了认领协议，并在春节期间为老人更换全新床单被罩，同时提供了其他日常生活用品，为张善同一家送去关怀和温暖。

二、拓展保障服务，满足多样化需求

中国特色社会主义进入新时代，我国社会主要矛盾已经转化为人民日益增长的美好生活需要和不平衡不充分的发展之间的矛盾。[1]脱贫攻坚作为当前特定历史阶段的短期性、集中性工作圆满收官，绝对贫困历史性消除，而兜底保障作为主战场将一直存在下去，从长远角度来看，随着经济社会的进

---

[1] 习近平：《决胜全面建成小康社会　夺取新时代中国特色社会主义伟大胜利——在中国共产党第十九次代表大会上的报告》，新华社，2017年10月18日。

一步发展，单纯以物质供给为主的兜底保障内容是远远不够的，其在满足兜底对象多样化需求，为困难群体赋能、增强其社会适应性等方面存在不足。因此，需要通过非物质手段为兜底对象提供日常照料、劳动援助等生活型救助服务和精神娱乐慰藉、心理疏导、技能培训、机会转介等发展型救助服务，增强困难群体政策享受的获得感。

"现在收入等经济指标都已经达到了，'两不愁三保障'没有问题，但是有的人依然贫困。如两位老人没有子女，不想去养老院，洗衣服、做饭等都成问题，只有钱也不行。针对这部分人群，镇上将其纳入兜底保障范围，不管他是不是建档立卡贫困户，他们的生活可能比贫困户更加悲惨，镇上要因地制宜、实事求是，对这部分人要管起来、养起来，让他们有尊严地活着，不能只考虑收入等经济指标。2018 年以来镇上不断总结工作和经验、不断完善，我们把工作当作事业去干，认真思考这些民生问题，推行兜底保障政策。"

闽宁镇兜底保障由单一的货币支持转向物资支持、日常照料、能力提升、司法帮助、心理关怀等相结合的综合性保障。在物资支持方面，闽宁镇以社会救助为主要内容，其他兜底保障措施予以补充，具体救助标准如表 5-2 所示。

表 5-2 闽宁镇兜底保障物资支持标准

保障项目	保障标准
城乡最低生活保障制度	保障条件由每年人均收入 3800 元提高至 4560 元，A 类低保障标准 490 元，B 类低保障标准 375 元，C 类低保障标准 285 元；若保障人为残疾人，在保障金额基础上提高 10%
高龄低收入老年人基本生活津贴	80—89 岁，标准为每月 450 元；90—99 岁，标准为每月 500 元；100 岁及以上，标准为每月 550 元
孤儿养育津贴	纯孤儿每人每月 937 元；事实无人抚养儿童每人每月 531 元
特困供养	分散供养人员每人每月 830 元；集中供养人员每人每月 1250 元

保障项目	保障标准
残疾人两项补贴	低保户残疾人生活补贴统一每人每月100元；重度残疾人护理补贴统一每人每月80元
医疗救助	年度内住院医疗费用自付合规费用不超过10%和年度累计不超过5000元
教育救助	需要教育基金补贴的，学前教育每生每年500元，小学教育每生每年1000元，初中教育每生每年1500元，高中（含中职）教育每生每年2000元，大专及以上教育每生每年2500元，"雨露计划"每生每年3000元

日常照料包括日间照料、就餐照料和便民服务三个方面的内容，"亲属照料""邻里照料""公益照料""集中托养"等措施提供兜底对象的生活起居及家庭环境卫生照料；"就餐服务"和"送餐入户"措施为有就餐需求的老人合理搭配膳食，提供集中就餐或送餐入户服务；"综合服务"措施则以村为单位提供便民服务，实现兜底对象每周衣物换洗一次，每月床单、被套清洗一次，每月理发一次，每月洗澡一次，保证个人及家庭基本卫生。"积分超市承担了对老弱病残的床单被套、衣服的清洗，然后给这些人送去；还有老人洗澡的地方，让那些公益照料员帮他们洗澡；还有一些人可能理发有困难，设专门的人免费帮他们剪发。"（刘作新，福宁社区书记）

在能力提升方面，第一，"康复护理"帮助功能障碍患者提升自理能力，对于适宜到专业康复机构的，由镇村组织人员送往康复机构进行康复护理，适宜家庭康复的，由行业部门指派专业人员上门指导康复护理，并提供相关康复器材。第二，"技能提升"助力有意愿者提升就业能力，由镇脱贫攻坚领导小组对接就业局安排专人深入一线开展订单式培训，着力提升残疾人的就业技能，拓宽残疾人口的致富之路，增强残疾等贫困群体战胜生活困难的信心。第三，"弱劳荐岗"提升自我发展能力，由对接企业尽可能地为兜底对象中的弱劳力提供充分的就业岗位，保障兜底对象家庭稳定增收，使兜底对象逐渐依靠自己的劳动保障基本生活需要。

"技能提升"拓宽残疾人口的增收之路

45岁的马守杰肢体一级残疾，需要妻子马晓兰长期在家照顾，而其妻子也因左脚股骨头坏死而不能从事重体力劳动。家里有3间砖混合2间砖木住房，共140平方米，耕地9.98亩。其长子在餐厅学徒，长女在幼教实习，家庭收入来源主要有：转移性收入15802元（低保12348元，残疾补贴2660元，地力保护补贴794元），土地流转的财产性收入6454元以及工资性收入10000元。根据马守杰个人意愿，县劳动就业局姜磊和残联马学忠为其开展手工编织培训，提升其手工编织技能，拓宽了马守杰的增收渠道。

此外，兜底对象中，孤寡老人往往常年独居，生活孤寂，因此心理关怀亦尤为重要。闽宁镇通过"企业认领"做到企业走访、座谈、慰问常态化，以"组织关怀"建立镇、村主要负责人每季度对兜底户的探访不低于2次，慰问不低于1次的措施，为兜底户送去关怀和温暖，实现对兜底对象的心理关怀服务。

"组织关怀"暖人心

患有精神残疾的赵永昌流落至武河村投亲，但其父亲却因精神问题离他而去，平时与亲友也互不来往，生活无人照料。且赵永昌因疾病导致心理上出现自闭和臆想等问题，生理上也行动不便，没有劳动能力。2019年永建公司为其捐建40平方米的2间砖混住房，但家里无耕地、无养殖、无经营、无劳力，仅有扶贫办发放的转移性收入4000元，赵永昌的基本生活得不到保障。故村两委干部捐款3000元救济，再加上闽宁镇救助 4000 元维持生活，由村主任代管，党员群众平时自发赠送生活必需品，为其送去关怀和温暖。

最后，闽宁镇通过"司法监督"为兜底对象提供司法帮助服务，对于法定赡养人和抚养人履行义务不到位的，由镇村将情况梳理后建立台账上报县脱贫攻坚领导小组，县脱贫攻坚领导小组协调司法机关向赡养人和抚养人发放义务告知书，提醒和警示义务人积极履行义务，对有能力履行赡养或抚养义务但拒不履行的，将由县脱贫攻坚工作领导小组协调司法机关向人民法院提起诉讼，以此避免子女为减轻负担将应尽赡养父母的义务推给政府兜底保障。

"司法监督"明确赡养责任

79 岁的李建秀患有高血压和脑梗，平时与右眼失明的儿子马占荣同住一院但独自生活，家里无耕地、无养殖、无经营，主要收入是李建秀的转移性收入 7536 元，其中养老金收入 3036 元／年，低保收入 4500元／年。此外，马占荣务工所得的工资性收入 10000 元也为李建秀的家庭收入提供了支持，但另外的子女均未能履行赡养义务。在此情况下，玉海村村干部及驻村工作队积极调解其子女对李建秀日常生活起居赡养义务，与其子女签署照料协议，并由镇司法所每月对李建秀次子、三子履行赡养义务进行走访监督，从而保障老人基本生活。

三、创岗增收强能，"输血"带动"造血"

完全的兜底保障容易导致贫困户的内生动力越来越弱，但闽宁镇的兜底保障措施在"输血"的同时不忘"造血"，通过创岗增收强能，以"输血"带动"造血"。

（一）兜底保障创造困难群体的就业岗位

公益性岗位是扶贫中激发内生动力，保障困难群众生活的重要措施，闽宁的兜底保障创造了更多的就业岗位。"公益照料"措施要求有专职的照料员，由村集体公开从建档立卡户中优先招聘专职照料员（10 户 / 人），主要负责兜底对象的生活起居、用水、用电、用煤安全及家庭环境卫生，其薪酬由"基础工资＋绩效工资"组成，基础工资 1500 元 / 月，拟申请市财政配套，绩效工资 1000 元 / 月，由县镇村进行配套（绩效工资根据考核情况和兜底对象满意度测评发放）。"送餐入户"产生送餐员的岗位，由各村公开招聘，优先考虑建档立卡户中身体健康、符合送餐条件的人员，力争形成"五分钟送餐圈"，雇用送餐员费用从村集体收益资金中兑付，每月 2000 元。"集中托养""就餐服务"和"综合服务"需配备做饭、清洁等人员，也由此催生了多种公益性岗位，每人每月 1500 元。"政府扶贫资金分了 10 个公益岗位，1 个月 1500 块钱，主要是为了落实政策，对这些家里人不能出去的，在家里照顾孩子的，有劳动能力的，办个公益岗位，让他们增加一部分收入。"（刘作新，福宁社区书记）

（二）兜底保障增加困难群众的收入

除了上述专职公益岗位带来的收入外，"亲属照料""邻里照料"也增加了照料人的收入。法定赡养、抚养、扶养义务人因照料兜底对象无收入来源导致家庭陷入困境的，从村集体收益资金中补贴直系亲属照料人每月每人 100 元，近亲属照料人每月每人 200 元。兜底对象与邻里双方均能达成照料意愿的，经村委会评估后，村委会与兜底对象、照料人签订三方协议，从村集体收益资金中补贴邻里照料人每月每人 300 元。兜底保障增强兜底对象的发展能力。通过"技能提升""弱劳荐岗"等措施，兜底对象的就业技能得到提升，就业渠道和收入得到保障，增强了其自我发展的能力。

"弱劳荐岗"保障兜底户就业

63 岁的马佰财家有 4 间 90 平方米砖混及砖木住房，4.2 亩土地，但其劳动能力较弱，其家庭收入主要有转移性收入 10311 元（养老金 2940 元，耕地地力保护补贴 336 元，残疾补助 5160，教育补助 1875 元），财产性收入 23265 元（土地流转 2415 元，光伏屋顶租赁分红分别为 300 元、550 元；光伏大棚分红 10000 元，光伏电站分红 10000 元），以及 2019 年马佰财在宁东工厂获得的工资性收入 10000 元，而家中却有妻子、长子和长媳三位残疾人员，分别患肢体四级残疾、肢体智力一级残疾和精神二级残疾，还有三位处于义务教育阶段的孩子，家庭负担重。除了为马佰财一家申请低保、提供教育补贴来减轻生活负担外，闽宁镇政府还为马佰财申请了公益性岗位，解决其家庭无劳力就业问题，增加了马佰财家庭经济收入。

四、建设基础设施，提升保障水平

基础设施建设是贫困地区脱贫的基础，也是基本的民生保障，基础设施建设水平与人民生活质量直接相关，兜底保障水平的全面提升离不开基础建设的不断完善。闽宁镇通过对接共享公共资源，不断完善基础设施建设和各类公共服务，加强农村人居环境整治。具体措施包括实施村组巷道硬化工程；推进污水处理、自来水、天然气"三管入地"项目；完善城管、保洁一体化管理机制和村收集、县转运处理的两级垃圾处理体系；进行危房改造，实施饮水保障工程，推进保障住房和饮水安全；建成综合性中小学、幼儿园、医院、敬老院、文化站、民生服务中心，村村实现学校、卫生室、文化中心全覆盖；推进农村客运建设，实现公交车入村；民生服务大厅提供民生服务办理，实现村、镇、县、市、自治区五级联网；持续开展生态修复、防沙治沙、农田林网、镇村绿化、环境整治五大工程等。"村村都有幼儿园小学，从原隆村到镇上初中最远 5 公里左右，村里面有卫生室，乡镇有卫生院，交通也方便。一出门全是硬化路，篮球场、足球场，广场、休闲公路，这就等于一个小社区，有些乡镇的基础设施配套都没有原隆村的齐全。"（原隆村移民）为普惠性发展农村生产和保证农民生活而不断完善的基础设施，作为潜在的兜底保障内容，在一定程度上提高了贫困群体的生活质量。

同时，兜底保障服务的提供需要配套的公共设施，如农村养老院、儿童福利院、残疾人康复机构、收容所等机构，只有基础服务设施建设起来了，兜底保障才能兜得住、兜得牢。闽宁镇在兜底保障过程中，也衍生出了相应的公共设施。第一，"集中托养"推动敬老院的改造提升，闽宁镇敬老院设置有床位 300 张，完全能够满足闽宁镇当前 3 户集中托养兜底户的需求。第二，"就餐服务"衍生老年饭桌，农村老年饭桌实现闽宁镇 6 个村全覆盖，并争取将每日一餐改为每日三餐。第三，"综合服务"衍生兜底保障服务中心，以村为单位打造集洗衣、缝补、理发、洗浴为一体的多功能服务场所。配套设施的建设为落实兜底保障政策，提升兜底保障水平提供了坚实的基础。

原隆村兜底保障服务中心

在求是网的《走向我们的小康生活——闽宁镇原隆村的脱贫故事》报道中，原隆村的兜底保障服务中心作为提高特殊困难群众幸福指数的亮点工作被推广。投资 10 余万元建成的 150 平方米的原隆村兜底保障服务中心是一座集兜底保障户、老年人日间照料、爱心饭桌、洗衣、理发、洗浴为一体的多功能、为特殊困难群众服务的场所，服务对象覆盖了原隆村的孤寡、残疾等生活不便的特殊困难群体。马喜灵（音译）就是这里的专职员工，她的工作是悉心照顾村里的特殊困难群众，为他们做饭洗衣。大花卷、拌菜、稀饭，则是保障服务中心当天的菜谱，每到中午和晚上，村里的 25 户兜底保障户都到这里吃饭，每顿只收 2 元……

兜底中心还为老人们提供日间照料、爱心饭桌、洗衣、理发、洗浴等服务，满满地送去对困难群众的人文关怀，提高了兜底对象的幸福指数。"原隆村兜底服务保障中心"是助力脱贫攻坚、保障兜底对象实现"两不愁三保障"的重要基础，解决了孤寡老人、残疾户等特殊群体吃饭、理发、洗衣、洗澡等实际困难，提升特困家庭幸福感。村里打算，今后将根据兜底保障对象的需求，进一步提升服务能力，为困难群众提供更好的服务。

第三节　制度规范：创新工作运行机制

兜底保障效果的实现，不仅依赖于各项兜底政策的完善和有效运行，还需要具体工作机制的支持。闽宁镇在完善工作运行机制上也进行了探索，做到严格兜底、精准兜底、全力兜底和高效兜底，以筑牢兜底保障的制度防线。

一、规范识别机制，严格兜底

（一）探索建立兜底对象筛选指标体系

准确识别与瞄准是各项兜底保障政策顺利实施的必要前提，开展家庭经济状况核查，摸清每个家庭的"家底"，才能确定这个家庭是否需要"兜底"。虽然对于家庭经济状况审核，国家层面出台了许多政策和举措，力求能够准确识别和判断一个家庭是不是符合获得各类兜底保障的资格条件，但以收入为核心的单一识别维度和围绕低保制度的挂靠式识别方式显然离真正做到精准识别还有一定的差距，在脱贫攻坚的关键时期，为确保"应救尽救，不漏一户"政策目标的顺利达成，闽宁镇探索建立了适宜的兜底对象筛选指标体系，以住房情况、劳动力情况、经营情况、耕地情况、养殖情况、收入情况等作为主要指标，综合评估家庭贫困状况，做到精准认定，不错不漏（如表5-3所示）。

表 5-3　闽宁镇兜底对象筛选指标体系表

主要指标	具体指标
住房情况	有无安全住房，结构类型，房屋大小
劳动力情况	有无劳动力，强弱，劳动力人数
经营情况	有无其他经营性收入，收入多少
耕地情况	有无耕地，耕地类型，亩数
养殖情况	有无养殖，养殖类别，养殖个数
收入情况	转移性：低保、高龄补贴、残疾补贴、五保金、深度贫困补贴、教育补贴等；财产性：土地流转、光伏大棚分红、光伏屋顶租赁、光伏电站分红等；工资性：务工、公益岗等；经营性：养殖、种植、个体户经营等；其他：社会捐赠等

（二）兜底对象的动态管理

政府部门难以全面、准确掌握家庭的财政状况，而这些信息却是判断一个家庭是否符合救助标准的关键指标。为此，闽宁镇规定个人申请兜底保障必须授权查征信，通过签订信息查询授权书，与银行账户、征信记录和消费记录联动，实现全面准确、实时动态监测目标家庭收入状况，系统自动识别真实需要兜底帮扶的对象，让大数据参与扶贫治理。此外，闽宁镇建立兜底保障台账，推行镇领导包村、镇干部包户、村干部包人工作机制，通过定期回访，实行销号管理，各村对兜底户每季度开展一次审核，对新出现符合条件的社会兜底保障人员"应纳尽纳"，并及时制定兜底保障措施。已确定的兜底保障户时时监测，根据家庭情况变化及出现的新问题及时调整兜底保障措施并予以解决，确保各项政策落到实处。园艺村党支部书记说道："村里的低保是动态调整的，低保一年要评3、4次，由干部上门计算收入，超过标准就直接取消了。像得了大病的时候可以享受，病好了就马上给去掉了。"

二、细化保障对象，精准兜底

精准扶贫施策机制的精髓即是"因地施策""因户施策""因人施策"，而这些理念也同样适用于兜底保障的施策环节，要做好兜底保障工作，应增强施策环节的针对性，根据不同人群的具体需要，在大范围、全局性、弱差别化的物质救助之外增添更为多样化、更具指向性的特定内容，变"粗放式"兜底保障为"精准化"，让每一位兜底对象都能享受到针对性差异化的保障。闽宁镇兜底对象为未脱贫建档立卡户、边缘户、脱贫监测户符合兜底保障的特殊贫困群体，具体指：特殊困难家庭主要家庭成员因残、因病无劳动能力或丧失部分劳动能力的；无法依靠产业或就业脱贫致富的家庭；享受农村最低生活保障且因学因病造成大额支出的家庭；单老双老家庭；残疾等特困供养人员；供养在校学生且无劳动力的残疾家庭。闽宁镇根据其实际情况和意愿细化兜底对象，制定出 15 项针对性强、操作性强的不同兜底保障措施，如表 5-4 所示。

表 5-4　闽宁镇兜底保障措施对应兜底对象表

兜底措施	兜底对象
亲属照料	智力残疾人、病情稳定的精神残疾人和肢体残疾人，生活不能自理且需要他人长期照料
邻里照料、公益照料、集中托养	五保户、孤残户、单老户、双老户，无法定赡养、抚养、扶养义务人或法定赡养、抚养、扶养义务人无力承担义务的，需要日常生活照料
企业认领、组织关怀	高龄、孤寡、独居、五保、孤儿等重点户
就餐服务、送餐入户	高龄、孤寡、独居、空巢老人有就餐需求的
康复护理	残疾者、功能障碍患者及有康复需求但无条件做康复的
政策倾斜、其他	未脱贫建档立卡户、边缘户、脱贫监测户和一般户符合兜底保障的特殊贫困群体

续表

兜底措施	兜底对象
综合服务	高龄、孤寡、独居、五保、空巢和生活不便的特殊群体
技能提升	身残志坚、勤奋上进的适龄残疾人和照料智力残疾、精神残疾、肢体残疾但缺乏技能或有强烈的技能提升意愿的人员
弱劳荐岗	50岁及以上的弱劳力和残疾人且有强烈的就业意愿的
司法监督	单老户、双老户、残疾户和孤儿户，法定赡养人和抚养人履行义务不到位的

三、扩充工作队伍，全力兜底

闽宁镇的兜底保障工作队伍组织架构充实，分为三个层级。第一层级是闽宁镇成立的以县委常委、党委书记为组长，镇长为副组长，其他党委班子成员为成员的领导小组，涉及民政、卫健、教体、人社、财政、医保、残联、扶贫等相关部门成员，总揽兜底保障工作，统筹规划域内兜底保障事务，并对具体兜底保障的工作展开监督和考核。第二层级是三级书记齐抓兜底，县、镇、村三级书记分别实行月调度、周汇报、日落实制度，上报兜底保障工作进展情况、存在问题和下一步工作计划，确保各项兜底措施落实落细。第三层级是基层工作力量。村党支部书记为兜底保障工作第一责任人，村委会主任为直接责任人，驻村第一书记为间接责任人，每个乡镇配两名民政专干和一名入户核查员，每个村配备一名民政专干和一名网格员。

其中，民政专干和网格员的配备，充分发挥了基层力量贴近群众、熟悉民情的优势，能及时发现陷入贫困状态的群众，早干预、早救助。基层人员对村中各家各户的经济状况、成员结构、遭遇的意外、承受的损失、疾病的严重情况等了解得更加清楚，可为工作人员提供价值高、有效性强的信息，有利于提高对象瞄准的精确性。当某些特殊群众由于自身能力限制不能自己申请救助时，如文化知识水平较低而不会填写相关表格、对救助政策不甚了解从而不知可享受何种救助政策等，基层工作人员就生活在这些群体周边，可以便捷地为其提供帮办服务。

四、简化管理流程，高效兜底

"放改服"是政府职能转变的重要改革，在闽宁镇的兜底保障管理中也有所体现。一是简化审核流程，节约审核时间。闽宁镇的低保审核为做到100%检查，变更原来"村审核—乡镇入户—民政入户"的审核流程，为"村、乡镇、民政三级集中一次入户"，简化程序，节约审核时间。二是调动全县力量集中核查，提高核查效率。入户核查员主要进行入户核查工作，每个入户核查员负责一个乡镇的日常工作，一旦有核查工作，统一调动全县入户核查员，集中全县核查工作力量开展工作，确保户户必到，项项必填，大大提高了核查效率和准确率。"正常的低保审核是村报到乡镇，按30%的比例抽查，我们做到了100%的检查，这是我们不一样的地方；第二是原来是村上审完、乡镇入户、然后再由民政入户，时间长，我们集中起来一次入户，村、乡镇、民政三家一次入户，全部解决，节约时间；第三是集中力量，入户核查员主要就是做入户核查工作，本来是只负责一个乡镇，但如果我们确定哪一天去哪个乡镇核查，其他乡镇的核查员也调动起来，分成十个组、集中全县力量核查。通过这样的行动，效率大大提高，从3月份到现在闽宁镇低保已经核查6轮了。"（民政局负责人）三是下放审核权力，高效完成兜底。行政决策层级过多、权力结构配置不合理，在一定程度上导致政府兜底保障行动呈现出低效与迟滞并存的状态。为给兜底对象供给便捷服务，闽宁镇的低保审核权由永宁县民政部门下放到乡镇，乡镇"一门受理"，压缩时间；单次临时救助金额低于2000元的小额临时救助审批权也下放至乡镇，保证乡镇政府拥有直接审批与发放救助资金的权力。

第六章　闽宁镇发展经验与启示

　　党的十八大以来，我国政府深入推进脱贫攻坚，截止到目前取得了全面胜利，现行标准下 9899 万农村贫困人口全部脱贫，832 个贫困县全部摘帽，12.8 万个贫困村全部出列，区域性整体贫困得到解决，完成了消除绝对贫困的艰巨任务！党的十九大指出我国社会发展的主要矛盾已经转变为人民日益增长的美好生活需要和不平衡不充分的发展之间的矛盾，当前我国的农村发展、城乡差距是"不平衡不充分的发展"的重要体现，解决我国的"三农"问题任重而道远。党的十九届五中全会审议通过的《中共中央关于制定国民经济和社会发展第十四个五年规划和二〇三五年远景目标的建议》，对新发展阶段优先发展农业农村、全面推进乡村振兴作出总体部署，为做好当前和今后一个时期"三农"工作指明了方向。"千里之行始于足下"，全面推进乡村振兴不是凭空建设，而是基于"十三五"时期我国经济社会发展所取得的历史性成就，特别是充分保持和发挥全党全国在脱贫攻坚伟大实践中所锻造的精神、建立的体系、获得的经验与启示，将此融入新的发展阶段，以指导下一阶段的各方面工作。

　　闽宁镇被称为东西协作的样板和移民搬迁示范镇，在全国脱贫攻坚总结表彰大会上获得全国脱贫攻坚楷模荣誉称号。这个从荒漠中崛起的小乡镇，从"干沙滩"发展为"金沙滩"，在"金沙滩"上结出了幸福果，这个"幸福果"

是属于福建和宁夏两地区人民的，是两省（区）人民通过双手创造出来的成果。昔日的荒漠戈壁滩通过"闽宁协作"完成移民搬迁、改善环境、壮大产业、脱贫致富，探索出了一条中国扶贫道路，作为中国万千乡镇之一的闽宁镇，完成了自己的蜕变之路，成为东西协作的样板、移民发展的示范、产业扶贫的良方、基层治理的智慧。未来的闽宁镇致力通过建构"精而美"的环境、"特而强"的产业、"繁而和"的乡风、"小而全"的生活、"富而乐"的村民而实现乡村振兴。闽宁镇脱贫历程是全国脱贫攻坚的一个缩影，在脱贫攻坚中探索建立的特色"闽宁扶贫模式"实践证明是成功的，具有科学交流的价值，内含深刻启示，对全球反贫困实践具有深刻意义。

第一节　脱贫攻坚：总结扶贫路上的实践经验

习近平总书记强调："脱贫攻坚战进入决胜的关键阶段，务必一鼓作气、顽强作战，不获全胜绝不收兵"。[①] 可以说，经过长期实践和努力，闽宁镇扶贫开发工作结出了硕果，积累了丰富的经验，呈现了发展新局面，走进了新时代。闽宁镇在扶贫路上积累了大量的实践经验，上文中已经进行了详细介绍，本小结主要对其进行归纳总结。

一、东西扶贫的样板

东西协作方案是中国脱贫方案的一大创举，"闽宁合作"扶贫模式又是东西协作扶贫的样板，闽宁合作模式探索建立了"联席推进、结对帮扶、产业带动、互学互助、社会参与"的东西部扶贫协作机制。联席推进是两省区领导高度重视的体现，是讲政治、守规矩、敢担当的体现，结对共建、层层

---

① 习近平：《在重庆考察并主持召开解决"两不愁三保障"突出问题座谈会上的讲话》，新华社，2019 年 4 月 17 日。

结对子是明确责任主体的体现，产业带动是从单项的扶贫解困到相互间的经济合作、产业对接、以经济为中心的体现，互学互助是从单一的经济援助到教育、文化、医疗的多领域合作，社会参与是从单纯的政府行为到政府、企业、社会结合的新格局。

闽宁镇是"闽宁合作模式"的重点项目和示范工程，是"闽宁东西协作模式"中的典型。作为东西扶贫的样板，在习近平总书记提出的"闽宁对口协作"20字指导方针的领导下，闽宁镇探索出了一条东西协作的"闽宁模式"：第一，联席会议制度保障了对口帮扶工作的组织健全、制度完善、措施得力；第二，结对共建实现了层层结对子，推动了对口帮扶工作能够深入基层，项目和资金能够到村到户；第三，产业带动实现了引进闽籍企业31家，就地就近解决移民务工人员5000余人；第四，互学互助促成了东西部地区人才交流、优势互补、共同发展；第五，社会参与营造了政府与社会协同参与的大扶贫格局。

我国仍处于社会主义初级阶段，即使消除了绝对贫困，但是相对贫困问题是长期存在的，因此，东西协作也将是一项长期性工作。闽宁镇是东西部扶贫协作的成功案例，是中国特色扶贫开发道路的伟大实践，是社会主义制度优越性的生动体现，是促进人类减贫事业的宝贵经验。

二、移民发展的示范

中国在脱贫攻坚期间实现了960万贫困人口大规模迁移，随迁人口1500万，达到中等国家人口的规模，这是历史性的工程。从全球关于移民搬迁的经验来看，移民搬迁是解决贫困问题的重要方式，移民从移出来到实现社会融合，需要一定的时间。在短短20年左右的时间里，闽宁镇就基本完成了移民的社会融合，其实践经验具有较高的参考价值，也是移民发展的范例。移民有不同的文化背景、不同的社会背景，来自不同的地区、不同阶层，闽宁镇的脱贫故事也是移民发展的故事，生动地呈现了中国移民方案。

易地扶贫搬迁是我国扶贫开发的重要内容。习近平总书记指出，"易地搬迁是解决一方水土养不好一方人，实现贫困群众跨越式发展的根本途径，也是打赢脱贫攻坚战的重要途径。易地搬迁要让移民'搬得出、稳得住、能致富'，这是一个巨大的历史工程。"[①] 易地搬迁不仅仅是居住地点的改变，还包括迁出地生活与迁入地生活的嫁接。由于移民前后两地环境的差异，移民面临着生产和生活的重置、对原有社会文化传统和社会习惯的搁置、对新环境和新生计方式的建构。移民如何适应新的生产和生活，如何真正融入新的生活环境是易地扶贫搬迁需要解决的重大问题。闽宁镇作为一个"从无到有"的移民村镇，在 28 年时间里实现了经济融合与生计适应、身份融合与生活适应、心理融合与文化认同。

首先，闽宁镇致力于打造移民新居地的生活空间。以公共服务设施建设为基础，加强农田水利、人畜饮水、乡村道路等基本公共服务设施建设，为移民营造"新家"。其次，政府以特色产业为抓手推动移民生计转型。政府采用现代企业驱动型产业扶贫模式，统筹推进种植业、养殖业和设施农业等多元产业，在为生态移民和劳务移民提供了大量就业机会的同时，鼓励和支持企业以先行实践的方式为生态移民传授种植和养殖技术，实践了"政府引导、企业带动、群众参与"的产业扶贫模式，让移民有"新业"。另外，村镇增强公共服务建设，为移民生活提供有力保障。通过优选配齐村两委班子队伍和强化基层党组织建设，激活村级组织的统筹功能，实现乡镇与村级、村民的有机衔接，并健全了社会保障服务体系，破解基本公共服务的"最后一公里"难题，同时各级政府积极组织举办各项公共文化活动，增进不同民族之间的情感联系，增强移民对村落共同体的认同。

现在，来自不同地方，由于不同的原因迁移过来的移民都有了共同的名

---

① 习近平：《扎实做好"六稳"工作落实"六保"任务　奋力谱写陕西新时代追赶超越新篇章》，新华社，2020 年 4 月 23 日。

字，叫"闽宁人"。闽宁镇移民村镇的发展历程是各级政府、社会各界和移民自身共同努力和艰苦奋斗的结果，它向社会呈现了移民村镇如何在迁入地扎下根来，并过上幸福生活。

三、产业扶贫的良方

产业扶贫是脱贫攻坚的治本之策，闽宁镇因地制宜，根据当地优势发掘适宜的新产业、新业态，形成了强大的品牌效应，借助现有特色产业形成完备的产业链，带动贫困户脱贫致富，让扶贫产业真正实现可持续发展。闽宁镇一直在探索合适的产业发展路径，加快发展扶贫产业，构筑科学发展的产业体系，统筹推进产业蓬勃发展，激发群众增收动力。坚持一村一品与规模化发展并重，集中力量发展优势特色产业，夯实群众脱贫致富奔小康的基础。

第一，在产业的顶层设计方面，闽宁镇因地制宜，立足本地自然条件发展沙地经济并直接解决贫困户的就业问题。闽宁镇位于北纬38°，拥有种植优质酿酒葡萄、树莓等水果得天独厚的自然地理条件。第二，在传统种养殖业方面进行转型升级，加快发展现代农业，持续推动经济作物种植提档升级。通过建设现代农业设施园区丰富农产品种植种类，优化品质，提升效益。第三，持续发展劳务及商贸物流业。大力发展餐饮、商贸物流等服务业，目前闽宁镇6个村每村具备3—5个带动能力强的劳务输出组织或劳务经纪人，依托商贸物流园、电商扶贫示范街、闽宁优品双创服务平台，打造"电商一条街"，大力发展餐饮、百货、农产品流通、机械维修等服务业。第四，创新发展文旅产业。大力整合明长城遗址、原隆村田园综合体等旅游资源，重点开发观光、休闲、养生、度假等产品，运营闽宁镇游客集散中心，积极发展"农业＋旅游""葡萄酒＋旅游"，开发以农业采摘、酒庄品鉴、生态观光、休闲自驾为主题的"闽宁风情游"，打造独具特色的贺兰山东麓度假休闲旅游目的地。

针对产业扶贫的机制、利益分配，镇政府坚持因人因户施策，完善利益联结机制。为贫困户量身定制奖补扶持政策和其他政策支持。探索出了"4+5"产业扶贫模式，即政府、企业（合作社）、贫困户、金融机构（保险公司）等4方利益联结构建产业扶贫闭环，产生了"5金"效益（土地流转得租金、参与务工得薪金、参与经营得现金、年终分红得基金、政策奖补得资金）。通过"公司+""合作社+""土地入股""金融扶贫"等形式，使闽宁镇产业扶贫模式多样化，经营主体带贫益贫效果日益凸显。

四、基层治理的智慧

在闽宁镇脱贫攻坚推进过程中，村镇的基层治理发挥了稳定社会、凝聚人心的重要作用。闽宁镇现有回族人口4.5万多人，占人口总数的69%。镇政府针对闽宁镇纯移民、回族聚居密度大的实际，始终把握"铸牢中华民族共同体意识"工作主线和各民族"共同团结奋斗、共同繁荣发展"的民族工作主题。各民族平等对待，同住一个村庄，同上一所学校，同建一个支部，各民族和睦相处，合作共进，共同发展。先后获得"全国民族团结进步模范集体""全国民族团结进步创建活动示范乡镇"等。

首先，闽宁镇政府依托民族团结进步创建生计、生产、生活活动，通过抓项目、抓产业、抓民生、抓脱贫，助力经济社会发展和人民群众物质经济水平改善。其次，各族群众在文化上包容共荣，共同分享，农民运动会、文化大院等有力促进了各族群众交往、交流，形成了相互尊重、和谐相处、共同团结进步的生动局面。再次，闽宁镇政府注意强化党支部的服务功能，探索"支部+企业（合作社）+农户"的共富联合体发展模式，鼓励和引导村党组织、村干部、党员创办、联办各类协会或合作社，发展特色种养殖业和劳务经济等"一村一品"产业，帮助农民就业增收。重视抓好基层党员队伍建设，加强年轻后备干部培养。最后，以评选"最美永宁人""最美闽宁人""星级文明户"为载体，在群众中深入开展社会主义核心价值观教育。近年来共计推荐 20 名最美永宁人、15 户文明家庭，评选六星级以上文明户 2816 户，充分激发移民群众的内生动力、脱贫信心、致富决心。

闽宁镇之所以能够使移民"搬得出、稳得住、能致富"，闽宁镇的基层治理发挥了重要作用，通过基层治理实现了移民的生计可持续、稳定了移民的生活水平，保障了民族团结。

第二节 减贫治理：闽宁脱贫历程的特色启示

贫困问题具有长期性、差异性、复杂性，正如恩格斯所指出的"贫困是一定历史阶段的产物"，是每个国家和地区在不同发展阶段都会面临的问题，是发展中国家乃至发达国家和地区普遍存在的世界性难题，是人类共同关注的重大理论和实践问题。然而，近年来各国受全球金融危机的影响，经济增长缓慢，反贫困效果并不明显。相反，在全球经济不稳定的情况下，中国的脱贫攻坚战取得了巨大成功，即使在新冠疫情冲击下，中国的脱贫攻坚战仍稳步推进，实现了巨大成就。2020 年 11 月 23 日，中国 832 个国家级贫困县全部脱贫摘帽，标志着中国脱贫攻坚目标任务已经全部完成。我国是世界上减贫人口最多的国家，提前 10 年实现联合国 2030 年可持续发展议程的减贫目标，是世界上率先完成联合国千年发展目标的国家，向世界证明了中国共产党领导和中国特色社会主义制度的优越性。

闽宁镇的脱贫是中国脱贫历程中的重要组成部分，闽宁镇"因贫困而生，为脱贫而建"，从无到有、由弱到强，这个贺兰山下当年由习近平总书记亲自命名的扶贫移民区，已经从一个"天上无飞鸟，地上不长草，风吹沙石跑"的荒芜之地，发展成为常住居民 6 万余人的特色小镇。在党和政府的领导下，闽宁镇成功地走出了一条具有地方特色的扶贫开发道路，丰富了中国扶贫经验的地方方案，为全球贫困治理提供了重要启示。

一、组织保障：坚持党的领导，政府主导，发挥示范作用

在反贫困实践中，社会主义制度决定了我国坚持党的领导，以政府为主导的组织保障，闽宁镇之所以能够完成如此大规模的人口迁移，最重要的原因是坚持中国共产党的领导，坚持政府主导，这是我国社会主义制度的优越性，集中力量办大事的体现。在闽宁镇反贫困斗争的实践中，闽宁镇党委和政府始终坚持不忘初心，把改善民生、消除贫困作为社会主义的发展目标，坚持"缺什么补什么"的原则，妥善解决劳务移民发展中存在的困难和问题，彻底解决"十二五"和"十三五"移民遗留问题。

自成立以来，闽宁镇经历了一系列有组织、有计划、大规模的扶贫开发实践，始终坚持党的领导、政府主导、人民主体的原则。尤其是进入 21 世纪，我国逐渐建立并不断强化了中央统筹、省负总责、市县抓落实的管理体制，形成了以习近平总书记亲自带领的省市县乡村五级书记一起抓的"一把手"工程，层层签订脱贫攻坚责任书，立下军令状，责任到人。这种有组织、有纪律、讲政治的扶贫开发活动是我国政治优势与制度优势的体现。在闽宁镇党和政府的领导下，坚持高标准规划、高水平建设，彻底改变了贫困群众的生产生活条件。在基础设施建设方面，完成建设实施道路畅通、园区建设、老镇区综合整治、棚户区改造、新镇区建设、污水处理厂等重点项目153 个，并建设了 10 万平方米闽南风情特色街区，完成老镇区 101 户回乡风情民居改造工程。生态环境建设方面，已经建设实施闽宁万亩草畜基地、闽宁扶贫产业园、新镇区 110 国道及西环路等地段 689 亩绿化工程，栽植各类树木 86.7 万株，整治绿化带 257 亩，已经初步通过国家级生态乡镇验收。民生设施建设方面按行政管理、教育机构、文体科技、医疗保健、集贸商业五大类公建设施，分镇区和中心村两级进行配套完善。建设了闽宁镇第二幼儿园、闽宁镇第二中学，完成了福宁路、201 省道商业街、新镇区商业步行街建设，建成了闽宁镇文化艺术中心和闽宁镇中心医院。

闽宁镇在落实中央"两个大局"战略，在建立持续带动、持续帮扶的长效机制基础上，坚持加强基层组织建设是产业扶贫的重要推动力。农村要发展，农民要致富，关键看支部。闽宁镇善于挖掘农村基层党组织在农民群众脱贫致富发展上的战斗堡垒作用，坚持"火车跑得快，全凭车头带"，村党组织书记、第一书记、村两委班子成员、大学生村官和村级后备干部是凝聚群众、引领发展的"主心骨"，既是村党组织带头人，又是农村致富带头人。闽宁镇的基层党组织发挥了"两个带头人"的示范作用，是新产业的开拓者、新经济的引路人。

二、东西协作：社会参与，先富帮后富，协同发展

闽宁镇的发展是我国东西协作发展的典范，社会参与扶贫的样本。目前，我国构建了全社会扶贫的强大合力，充分发挥了人民群众、政府、市场的作用，坚持党和政府的主体和主导作用，凝聚各方力量，东西部协作扶贫、党政机关定点扶贫、军队和武警部队扶贫、行业扶贫、企业扶贫、社会扶贫等协同参与，形成全社会广泛参与的大扶贫格局。闽宁镇的产生、发展历程也是社会参与的成就，实现了先富带动后富，协同发展。

反贫困的根本目标是实现全人类的共同富裕。改革开放以后，邓小平同志在马克思反贫困理论的基础上探索出了社会主义的本质要求，即解放生产力，发展生产力，消灭剥削，消除两极分化，最终达到共同富裕。邓小平同志还找到了关于反贫困的有效途径——先富带动后富。中国的脱贫事业仅仅依靠政府的力量是难以完成的，要调动各方力量参与，先富带动后富，协同发展、激发贫困人口参与生产的动力，形成全社会广泛参与的扶贫格局。

24年的闽宁协作充分利用闽宁协作优势，为闽宁镇培育了"造血"功能，积累了丰富的东西协作经验。闽宁镇不断创新协作机制，为闽宁镇的扶贫发展安上了引擎，通过发挥政策优势，激励和鞭策贫困群众发展产业、激发当地群众的内生动力。闽宁镇充分利用东西协作战略机遇，把沿海的人才、市

场、技术、资金等优势与当地资源、劳动力和政策优势结合起来，走出了一条可持续发展的脱贫致富之路。

三、产业扶贫：因地制宜的扶贫道路

在反贫困的斗争中，随着扶贫进程的不断深入和贫困人口的持续减少，减贫难度逐渐提升。习近平总书记提出了精准扶贫的方案。主要包含四个方面："扶持谁""谁来扶""怎么扶""如何退"。关于"怎么扶"中第一条便是发展生产脱贫一批。闽宁镇根据当地优势发掘适宜的新产业、新业态，做好产业规划，形成了强大的品牌效应，借助于现有特色产业形成完备的产业链，带动了贫困户脱贫致富，努力让扶贫产业真正实现可持续发展，切实展现了产业扶贫是发展生产力最直接、最有效的办法。

以产富农、产镇融合是闽宁镇不断繁荣发展的关键，有效破解了贫困群众增收致富的源头活水问题。产业是发展的根本，闽宁镇依靠地理位置的优越性，目前已经在扶贫产业的基础上形成了以新型光伏、葡萄种植及酿造生产、特色养殖、红树莓种植为支撑的"1+4"特色文化旅游服务业，打造了"光伏农业参观＋酒庄观赏及品酒＋肉牛养殖场参观＋红树莓生态产业园采摘＋农家乐住宿休闲"一条龙旅游参观路线。探索出了"依托资源优势，继续夯实产业扶贫基石""强化政策扶持，增强产业发展后劲""因人因户施策，完善各利益联结机制"的产业扶贫机制，旨在将扶贫产业做大做强，做特色产业，做强盛产业。

脱贫攻坚的难点在于产业如何带动。闽宁镇各村依托自然优势和种养传统，因势利导，集中成片发展产业。同时，紧跟市场变化积极调整，深入挖掘发挥地理优势、种养传统优势以及劳动力优势，顺势而为，种葡萄、种枸杞、种玉米、种小麦、养牛羊、干劳务、搞商贸、兴旅游、建酒庄；坚持特色种植、规模养殖、土地流转、引进企业等多业并举，摸索出了符合产业规模和市场规律的产业致富之路，实现了村村有产业，家家有路子。

四、志智双扶：创新内生动力量化管理项目

脱贫攻坚关键在"人"，而人的关键在精神动力、精神支撑。要注重调动扶贫对象的积极性、主动性，提升其自身发展能力，发挥其脱贫的主体作用。扶贫开发成功与否的根本标志在于贫困人口是否具有自我发展能力。中国始终坚持将帮助扶贫人口和激发培育贫困人口内生动力同步进行，不断创新脱贫主体参与方式途径，尊重贫困地区干部群众的首创精神。闽宁镇坚持激发群众的内生动力，调动扶贫对象的积极性、主动性。

针对贫困户存在"等、靠、要"思想、发展动力不足的问题，闽宁镇与福建省第十一批援宁工作队闽宁镇工作组协作，通过整合援宁财政资金和社会帮扶资金合计 211.78 万元，实施内生动力（Endogenous Power，EP）量化管理项目，出台《闽宁镇建档立卡贫困户"EP"量化管理工程实施方案》，建立由人民政府、驻村工作队、村两委、脱贫攻坚网格员、帮扶责任人等组成的工作小组，对已脱贫享受政策、未脱贫的建档立卡贫困户、边缘户和"十二五"劳务移民四类考核对象，通过勤劳致富、重教兴家、技能提升、环境卫生、良好家风等 5 个方面进行量化定值考核，形成政府推动、社会协同、群众参与的工作新格局。

治贫先治愚，扶贫先扶志。把帮扶重心由"物"转变为"人"，围绕"人"的发展配置资源和项目，激励贫困群众发展产业，鼓励农民创业，激发当地群众的内生动力，让贫困群众改变观念拔掉穷根。闽宁镇 24 年的发展历程也是移民摒弃封闭落后的思想观念，引入先进思想、先进技术的过程。当地广大贫困群众通过接触了现代的技术、观念、生活和生产方式，激发了其创造力、内生动力，他们主动走出家庭、走出村庄，最终走出贫困。

五、精准扶贫：依托党组织"红色网格"落实

精准扶贫是习近平总书记于 2013 年提出的关于扶贫工作的重要论述，

是关于"扶持谁""谁来扶""怎么扶""如何退"的问题。在习近平总书记精准扶贫重要论述的指引下，我国政府逐步完成了精准扶贫方略的顶层设计。关于精准扶贫的具体实践落实在各地方基层的形式是不一样的。闽宁镇通过完善"红色网格"，创新了贫困户建档立卡机制，通过精准扶贫 APP 提供数据支撑，实现了精准帮扶。

"红色网格"是由村组干部和后备干部担任网格长，由 60 岁以下党员、入党积极分子等担任网格员的"网格化"管理方式。闽宁镇在各村生产小组基础上推进"红色网格"，分类管理党员，整合网格资源实行"红色网格"和"生产组网格"双重管理。按照每 50 户建档立卡贫困户配置 1 名网格员的标准，招聘 28 名脱贫网格员，确保建档立卡户信息和数据精准。制定建档立卡贫困户积分制管理制度，解决自我发展意识不强、思想上"等、靠、要"等问题，切实激发贫困群众脱贫致富内生动力。

其次，闽宁镇协调中国移动永宁分公司在全区首创精准扶贫 APP，利用现代化信息手段和大数据平台对精准扶贫提供数据支撑，为精准帮扶提供辅助支撑和技术支撑，实现扶贫政策、产业信息、资金使用等内容的查阅和掌握，加强对帮扶责任人和帮扶成效的监督管理。

多种措施的实施其最终目的是对贫困状况进行实时监测，保证脱贫群众不返贫，保证基层治理有效运转，发挥基层党组织的战斗堡垒作用。

第七章 "金沙滩"的发展展望

党的十八大以来，闽宁镇在习近平总书记关于扶贫重要论述的指引下，在东西协作的帮扶下，在社会各界人士的动员下，坚持以脱贫攻坚统揽经济社会发展全局，创建了自主有序的移民搬迁、多元特色的产业扶贫、相对健全的兜底保障等，取得了脱贫攻坚方面的优越成绩，为2020年后全面推进乡村振兴战略奠定了坚实的基础。脱贫摘帽不是终点，而是新生活、新奋斗的起点，闽宁镇须乘势而上、再接再厉、接续奋斗。

闽宁镇的乡村振兴之路任重而道远，必须要进一步健全完善帮扶长效机制，深化"干沙滩"变"金沙滩"的成功经验，实现巩固拓展脱贫攻坚成果同乡村振兴有效衔接。将脱贫攻坚精神作为常态，实现脱贫攻坚精神和乡村振兴理念相融合。用乡村振兴战略巩固脱贫攻坚成果，用脱贫攻坚精神开启乡村振兴新篇章。"产业兴旺、生态宜居、乡风文明、治理有效、生活富裕"是乡村振兴的总要求，亦是闽宁镇需要深化和综合发展的关键点。闽宁镇需因地制宜，结合"东西协作示范窗口""移民村镇""回汉杂居"等闽宁镇情、村情，持续发力将闽宁镇打造成为全国"东西协作的示范点、宁夏移民脱贫致富的示范点、民族团结和谐发展的示范点、乡村振兴战略实施的示范点"。

第一节　写好扶贫搬迁"后半篇文章"

闽宁镇作为易地扶贫搬迁示范镇，搬出了群众的幸福生活、产业的繁荣发展，也搬出了面貌的焕然一新、邻里的守望相助，成为全国移民搬迁的生动缩影，集中体现了我国移民搬迁工作取得的巨大成果，集中彰显了习近平总书记关于扶贫的重要论述的实践伟力，更集中展现了中国特色社会主义制度的无比优势。接下来，闽宁镇要将巩固拓展脱贫攻坚成果同乡村振兴有效衔接摆在更加突出的位置，实现脱贫攻坚政策体系和工作机制同乡村振兴有效衔接，延续脱贫攻坚精神，贯彻乡村振兴新发展理念，引领经济社会发展，做好扶贫搬迁"后半篇文章"，全面启动乡村建设行动。

扶贫搬迁的"后半篇文章"要紧紧围绕乡村振兴战略，以"产业振兴、文化振兴、生态振兴、人才振兴、组织振兴"为抓手，补全脱贫攻坚成效的短板，深化东西协作工作机制，抓好各色产业发展。从"帮扶"走向"合作"，开拓合作共赢新局面。

在移民保障工作有序衔接方面，要扎实做好劳务移民的后续保障工作。相对生态移民，闽宁镇劳务移民真正成为"闽宁镇人"的时间稍晚，社区建设和各项福利政策的落实也稍慢。劳务移民缺少了土地层面的重要保障，家庭经济生活主要来源于务工收入，收入渠道较为单一，且对劳动能力有一定的要求。因此，部分劳务移民具有易返贫的特点。在乡村振兴中，闽宁镇一方面要健全防止返贫监测和帮扶机制，对易返贫致贫人口早发现、早干预、早帮扶，扎实做好易地扶贫搬迁后续帮扶工作。另一方面要持续做好有组织劳务输出工作，并通过公益性岗位开发，对符合条件的困难人群进行就业援助，尤其是有家庭照料负担和弱劳动能力老人。鼓励以组织外出务工和动员就近务工相结合，点对点帮扶，拓宽增收渠道，稳定人民收入，彻底解决"十二五"和"十三五"移民遗留问题，杜绝"两头跑"现象，消除"稳不住"

问题。在永安小区建设中，应根据居住劳务移民人口特点，继续完善配套基础设施建设和基本公共服务设施建设，提升社区治理能力和公共服务能力。

在乡村振兴多样人才需求衔接方面，要建设高质量教育体系，培育乡村振兴人才。全面贯彻党的教育方针，坚持立德树人，培养德智体美劳全面发展的闽宁建设者和接班人。加大人力资本投入，增强职业技术教育适应性，深化职普融通、产教融合、校企合作，大力培养适应闽宁产业发展的技术和技能人才。尤其要注重提高少数民族人口的教育机会与教育水平，加大国家通用语言文字的推广力度。充分利用东西协作机制下福建省的教育资源基础，发挥"互联网+"教育的优势，持续推进对闽宁镇教育的帮扶支持，为闽宁镇乡村振兴提供科技服务、产业发展、公共服务与乡村治理人才。

在以人为中心的生活共同体打造续接方面，要持续增进闽宁镇的社会融入问题，以社会主义核心价值观宣传和教育树立正确观念，引导搬迁群众对闽宁镇发展形成更加统一的认识；要日益丰富人民的精神文化生活，通过举办多彩文化活动等多种形式共建和谐关系，保障搬迁群众的生活和谐安定幸福；要增强搬迁群众的主人翁意识，激发他们的积极性、主动性、创造性，鼓励他们从帮着干、领着干到自己干，在移民搬迁"后半篇文章"中书写自己的故事。

第二节 促进扶贫产业走向产业兴旺

乡村振兴，产业兴旺是重点，亦是"主心骨"。在精准扶贫中，闽宁镇已经形成了特色种植、特色养殖、光伏发电、观光旅游、劳务输出五大主导产业，产业发展的基本体系已经形成。群众可以通过务工、入股、创业等多种形式参与到本地的产业发展当中，获得一定的经济收入。但是，闽宁镇的产业发展当前还存在基础不牢固、规模较小、产业链条较短、群众参与性较低等问题。在全面实施乡村振兴战略的新阶段，闽宁镇要依托地方特色优势资源，在已经取得的五大主导产业发展成果基础上，持续推进产业转型升级，与县域及更大范围合作，打造农业全产业链，让更多的农民能够分享产业增值收益。组织和动员农民共同探索移民搬迁镇的产业振兴之路。

一是继续坚持以种养殖业为主体，多种产业并举的产业发展方式。首先应该继续坚持以酿酒葡萄的种植、加工与红酒的销售、地方名片的打造为一体的产业发展方向。闽宁镇由于其特殊的自然条件成为最适宜种植酿酒葡萄的地区之一，酿酒葡萄的种植不仅促进了本地产业转型、延长了种植业的产业链，而且改善了本地的生态环境。要紧紧抓住这一天然优势对该产业进行更多价值的深入挖掘，集中大小酒庄的力量打造统一的"闽宁镇葡萄酒"品牌。充分利用互联网平台信息接受时间短、受众广、传播速度快等一系列优点，扩大"闽宁镇葡萄酒"的知名度。其次应该继续坚持集中养殖为主的养殖模式，着力建设疫病防治体系，完善相关社会服务，真正实现养殖产业的发展以养殖户为主体。对养殖产业进行细分评级，鼓励不同的养殖主体有不同定位，针对不同的养殖规模和种类制定不同的管理与奖补政策。闽宁镇的移民本身具有养殖习惯，该产业同时还为村庄内那些发展能力不足的农民、贫困户提供一定的收入来源，是防止一部分边缘户返贫的重要手段。同时还应该鼓励有能力的大型养殖企业开发新产品、延长产业链，扩大本地农畜产品的知名度。

除了种养殖业，闽宁镇还形成了光伏、电商、旅游等新兴产业发展形式，在乡村振兴阶段，应引导新兴产业逐步转型，更多与本地产品和文化相结合，打通上下游产业发展障碍，形成完整的产业链条，例如扶贫车间应当转变为主要加工本地产品，电商发展方面应该多与本地特色产品的销售相结合，逐渐形成产业发展的本土特色。

二是建立完善的产业风险防范体系。政府在产业落地时应对其在闽宁镇扎根会遇到的市场风险、自然风险、政治风险与道德风险进行专业评估，尽量减少"虚、弱"产业的存在。在企业经营过程中政府还应该对其进行长期关注，及时了解企业的运行状况与存在的困难，在必要时给予一定的帮助。

三是基于地方性文化，打造特色乡村文化业态。文旅产业作为新兴的文化发展形式，其发展对环境压力小，同时还会反作用于对环境的改善，因此是推动地方产业实现跨越式发展的重要动力。闽宁镇附近荒漠、明长城等自然风光特殊，后又因影视作品被更多人了解，且少数民族占比较大，具有一定的独特性，应该大力发展文旅结合的旅游产业。由于闽宁镇居民生活水平和生活方式在较短的时间内发生了重大变化，作为脱贫攻坚典型乡镇，闽宁镇可对传统的建筑、生活用具等进行复建，作为体验式文化产品进行宣传，满足旅游者的"复古"消费喜好，提升旅游竞争力。

第三节 打造生态宜居移民村

在后脱贫时代，乡风文明被赋予了推动乡村振兴来缓解农村相对贫困户的历史使命，因此乡村振兴的重要内容之一就是将农村建设成为乡风文明、生态环境良好的宜居地。闽宁镇由6个移民村庄组成，除了集中搬迁的原隆村属于集中统一建设之外，其余村庄都属于移民自发建设，因此村容村貌不够统一，村庄基础设施虽然已经基本完备，但是远远达不到非常完善的阶段。由于移民各自背景并不相同，还没有形成统一的文化根基，因此在乡村振兴阶段村庄的整体建设应该进一步进行优化，同时村民的精神面貌同样需要改变，通过筑起组织保障、发展文化根脉、优化村容村貌、增强内生力量四个方面实现移民的宜居新生活。

首先，强化村级党组织、妇女组织、合作社组织等组织对群众的组织联系作用。在脱贫攻坚期间，闽宁镇已经实现了每村配备红色网格员，及时了解贫困户生产生活需求，在乡村振兴阶段，应当转变网格员的职责，将其作为各类组织联系群众的中间人，及时传达各类组织的指示、要求，同时及时收集群众意见与呼声，实现信息上传下达的同时达到团结村民的良好作用。

同时要充分利用基层党组织的组织能力，充分发挥党员的带头作用，发挥从群众中来到群众中去的良好工作作风，在思想认识、创新创业、文化建设等方面走到前排。

其次，建立属于闽宁镇自己的文化传承形式和内容。闽宁镇作为一个移民乡镇，其特有的移民文化是一项宝贵而丰富的资源，应该对其进行充分的挖掘和宣传。移民文化中既包含移民各自特有的风俗、习惯和礼节，又包含要过上更好的生活这一共同目标和为之不懈努力奋斗的拼搏精神，因此具有丰富性和独特性。应当将闽宁镇移民在新家园的建设过程中所形成的活动、节日以及风俗进行传承与宣传，同时还应该通过宣传、授课等方式将社会主义核心价值观融入移民文化中，用社会主义核心价值观来将不同民族、不同背景的移民凝聚到一起，实现其对闽宁镇的共同认知。

再次，优化村容村貌，推进生态宜居乡村建设。良好的村容村貌是实现乡风文明的重要条件，是生态宜居的重要基础。因此，闽宁镇必须加强农村的生态环境建设，只有把农村的生态环境保护好，才能着手建设其他方面。农村的空气、土壤、河流都是基本要素，只有环境优化，才能进一步建设生态宜居村。因此要对不合理的村庄建设方式进行科学的重新规划，引导移民合理使用土地资源。重点改善农村的居住环境，只有把农民的人居环境优化，才能提高居民的生活品质，真正维护农民利益。倡导绿色、低碳的生活理念，提高绿色蔬菜的种植，让有机食品走进生活，转变生活理念，让农民更加接近绿色的生态生活。为农民传播宜居的文化生活，不仅是环境居住上的宜居，还有文化意义上的宜居。让农民在这样的文化熏陶下，营造更和谐的人际关系。

最后，鼓励居民主动参与到村庄的建设和管理中来。村庄归根结底是一群人的聚居之地，人才是村庄中的主体，只有农村居民对村庄有了归属感，才能够真正调动居民的内生力量来建设自己的村庄。闽宁镇作为一个纯移民乡镇，移民的居住大多还是以家族、亲属关系聚居，因此可以利用这一特点来鼓励他们通过选举、民俗等活动参与到村庄的建设中来，增强其归属感与获得感。同时要为村民提供多种多样参与村庄建设的方式，充分发扬基层民主，在村庄的规划、活动的组织、文化内容的建设等方面征求群众意见，让村民真正感受到参与感与归属感。

第四节 构建乡村治理有效新格局

闽宁镇是一个"从无到有"的过程，在移民之初，其治理基础相对较差。同时，其治理因素和治理过程也较为复杂。通过加强村书记选派、选举监管，选优配强村两委班子；强化基层党建、锤炼党员主心骨，凝聚基层治理新合力；组建以老党员为核心的调节组，发挥"老邻居、最熟悉"的优势，增强民族团结向心力等多项举措，提升了闽宁镇的治理能力，但距离乡村振兴的"治理有效"还有很长的路要走。乡村振兴，治理有效是基础。闽宁镇要继续发力，以强化基层党组织建设为核心，加强基层治理体系和治理能力现代化，提升基层公共服务能力水平，以更加崭新的面貌踏上乡村振兴新征程。

第一，建立完善自治、法治、德治相结合的乡村治理体系，着力破解镇村治理水平不高等突出问题，不断提高群众安全感幸福感。闽宁镇作为移民村镇，既要引入经济组织发展经济，解决移民民生问题，又要应对复杂的治理体系，有序有效推进治理工作。在推进移民村发展中，基层治理往往与基本民生相交叉重叠。因此，闽宁镇在完善乡村治理体系中要重点捋顺四种关系即政府、基层党组织、群众自治组织和农村社会经济组织之间的关系，实现政府和农村各种社会组织行动之间相互协同、相互配合、相互促进，推动乡村社会的有效治理，推动社会治理重心下移。在村庄层面，要完善村级综治中心，打造共建共治共享的社会治理格局。在积极发挥"和谐大叔"调节队伍在日常矛盾的调解作用外，应继续加强村级队伍组建，就地化解决矛盾，并发挥引导群众积极向上的先进引领作用。

第二，发挥闽宁镇党委和6个村级党支部的核心主体作用，推进农村社会治理主体多元化。结合村书记选派，着力培养村级内部年轻后备干部；有序开展村两委换届工作，选优配强村务监督委员会成员；持续发挥第一书记的帮扶效力，并增强村级组织内生发展和服务能力。以回汉特色民族文化为基础，以大力繁荣乡村文化为主线，持续增强农民的归属感；加强乡村的精神文明建设，推进村规民约和乡村道德建设，既要传承优秀的农业农村文化，又要倡导绿色发展模式和健康生活方式；增强移民对新村的认同感和归属感、建设美丽家园的责任心、治理乡村的积极性与主动性。

第三，着力提升农村社会公共服务水平，满足村民多层次和多样化的需求。移民搬迁以来，陆续有非政策性移民搬迁至闽宁镇，对闽宁镇的社会治理和服务群众能力形成了新的挑战。闽宁镇要继续完善基础设施和公共服务建设，全面提升人民群众的生产生活质量。加强诸如农村经济合作组织、妇女组织等基层公共服务组织建设，建设多元主体参与的多层次公共服务体系。在闽宁镇现有的EP量化管理项目基础上，继续拓展公共服务项目，把"有"做成"优"，把"少"做成"多"。在现有日间照料中心基础上，继续加强对老年人及农村留守儿童和妇女的关爱服务，鼓励村民开展互助型养老模式。全面提升公共服务能力水平，实现幼有所育、学有所教、劳有所得、病有所医、老有所养、住有所居、弱有所扶等公共服务。

"十四五"时期是我国全面建成小康社会、实现第一个百年奋斗目标之后，乘势而上开启全面建设社会主义现代化国家新征程、向第二个百年奋斗目标进军的第一个五年。习近平总书记提出，"谋划'十四五'时期发展，要贯彻以人民为中心的发展思想，坚持发展为了人民、发展成果由人民共享，努力在推动高质量发展过程中办好各项民生事业、补齐民生领域短板。要更加聚焦人民群众普遍关心关注的民生问题，采取更有针对性的措施，一件一件抓落实，一年接着一年干，让人民群众获得感、幸福感、安全感更加充实、更有保障、更可持续"①。因此，闽宁镇应紧扣时代主题，坚持以人民为中心，开启闽宁乡村振兴新征程。从乡村脱贫走向乡村振兴，从"被帮扶"走向"合作共赢"，从"搬得出、稳得住"到自己"能致富"，在充实获得感、幸福感、安全感之外，全面提升人民的归属感、认同感；构建闽宁新发展格局能力和水平，充分激发人民的积极性、主动性和创造性，将新的发展理念贯穿发展全过程和各领域；坚持镇域一盘棋，着力固根基、扬优势、补短板、强弱项，努力提升闽宁镇发展质量，取得经济发展新成效、政治治理新高度、社会发展新能力。乡村振兴，生活富裕是根本。闽宁镇应实现更高质量、更有效率、更加公平、更可持续、更为安全的发展，将高质量发展成果惠及更多的人，让全镇人民走上共同富裕的道路。

---

① 习近平：《在基层代表座谈会上的讲话》，新华社，2020年9月17日。

附　录

原隆村：集中生态移民村庄的集体经济大步伐

（一）村庄概况

原隆村是永宁县最大的"十二五"生态移民村，2010 年开始规划建设，2012 年建成。2012 年 5 月，政府雇用车辆正式帮助南部山区移民实施搬迁，一直持续到 2016 年搬迁完成，共经历 6 次搬迁，安置原州区、隆德县 13 个乡镇 1992 户 9612 人，回族约占 33%，汉族约占 67%。因为搬迁地主要是原州区和隆德县两地，所以各取一字，命名为原隆村。

全村分为 14 个村民小组，共有耕地 6900 亩，人均 6 分地，户均 0.4 亩宅基地和 54 平方米住房，配备了水、电、路、围墙、大门、绿化等一系列基础设施。农户可以根据自己的人口情况在宅基地扩建房屋，在房前屋后发展庭院经济，较好地满足了农户的生活需求。在建设初期，原隆村是一片"干沙滩"，现在道路、交通、教育、文化、卫生等公共服务设施不断完善，农贸市场、休闲公园、健身路径一应俱全，昔日的"干沙滩"变成了移民幸福家园的"金沙滩"。

从建村到现在，原隆村经过 9 年的培育发展，始终坚持"强支部、抓产业、优服务"的总体思路，选优配齐了村两委班子，统筹发展了多样产业和就业保障，兜底服务了真正困难的孤寡老人，全力促进了决战决胜脱贫攻坚。2014 年以来，全村共识别建档立卡贫困人口 762 户 3747 人，2019 年底顺利脱贫出列。2024 年，农民人均可支配收入达到 13550 元，村集体经济收入 216 万元。

与其他村相区别的是，原隆村是纯生态移民村，一切"从零开始"，为重构村庄集体和重塑生计空间提供了天然优势。原隆村集中移民、集中安置、集中规划、集中安排土地和发展产业，充分发挥了村级组织的统筹功能，为村庄经济发展和基层治理奠定了良好的基础。

（二）集体统筹的脱贫经验

1. 组织建设：筑牢脱贫攻坚的"战斗堡垒"

"农村富不富，关键看支部"。农村基层党组织建设是党的全部工作和战斗力的基础，必须要加强农村基层党组织建设，不断增强农村基层党组织的创造力、凝聚力和战斗力。从建村以来，原隆村通过"组织配、群众选"等方式选优配强村两委班子。在移民初期，因涉及多项利益分配问题，政府委派村书记和副书记，以"置身事外"为治理优势，做到移民群众工作的公平公正。其他村两委干部由移民群众选举产生。此外，村庄进一步完善村级后备干部的选拔培养任用机制，将政治素质好、勇于担当奉献、带动群众致富能力强的村民纳入到村级后备干部队伍中重点培养，把致富能手培养成党员干部，把党员干部培养成致富能手。目前，村庄配齐配强村两委班子 8 人，储备后备力量 3 人。在返乡青年、后备力量、退伍军人中培养党组织带头人 10 名，通过发放贷款、创办合作社等方式发展劳务输出型致富带头人 10 名，较好地带动了移民贫困群众脱贫致富。

2018 年以来，村党支部连续被县委评定为四星级党组织。原隆村以党组织和党员星级化管理为抓手，建立 13 个"网格党小组"，以网格化管理助力精准帮扶。179 名党员以网格为单位认真落实"三会一课"、组织生活会、民主评议党员等基本制度。其中 150 名无职党员在日常生活中组织和带领群众参与各项乡村建设和公共服务活动。为奠定熟人社会乡村治理的良好基础，村庄积极动员返乡的老教师、退职的村干部等乡村贤达进入红白理事会，担任网格党小组长，以"老邻居、最熟悉"的优势，积极开展矛盾纠纷调解工作。并动员他们积极参加移风易俗巡讲活动和红白理事会成员业务培训班，实行红白事报备和走访劝导制度，结合实际对彩礼、随礼、餐费等标准划出"红线"，有效遏制大操大办、盲目攀比、高额彩礼、厚葬薄养等不良习俗。在切实的群众工作中，村两委以服务群众为本，强化服务职能，赢得了群众的信赖和认可，奠定了组织和动员的基础。

2. 强化产业：夯实脱贫攻坚的经济基础

除原隆村外，闽宁镇的其他 5 个村子均是自发移民居多，分散的农户组织化难度高、成本大，难以进行统筹规划和安排。原隆村不同，政府配置 6900 亩耕地，村庄并未将土地分发到户，而是实行"虚拟确权"。因此，原隆村具备强化土地集体所有权的基础，拥有土地资源整合、农民组织化、统筹规划产业的优势。为提高土地资源利用率，村两委与村民协商，将政府配套的耕地统一交由村集体规划和管理。农户可以依法享有基础土地租金和产业分红，既保障了农户的基本生活水平，又将农户从土地中解放出来。农户可以通过务工和创业实现脱贫、增收、致富。

近年来，原隆村深入实施扶贫攻坚行动，增强党组织在引领经济社会发展中的战斗堡垒作用，按照支部引领、党员带头、产业带动的工作思路，精准发力。一方面招商引资引入企业和公司大力发展劳动密集型产业，另一方面通过职业技能培训提升就业保障。到 2020 年，原隆村已经形成了种养殖业、光伏、扶贫车间、劳务输出等多项主导产业，成为发展壮大村集体经济的重要收入来源。村集体经济的发展壮大反之又为产业升级，发展以村集体为主导、群众参与性强的产业奠定了组织和经济基础。同时，劳动密集型产业为农民实现家门口就业提供了充足的务工机会。现阶段，全村共有12家企业，企业约带动务工和就业人数3600人，年创劳务收入约7000万元，人均劳务收入约1.9万元。加之，原隆村开展劳务技能培训，每年组织各类技能培训5期约300人，累计技能型务工人员达到1500余人。并发展培育劳务派遣公司2家，劳务经纪人15名，充分带动有意愿的村民务工就业，营造了"只要想干就能挣到钱"的工作氛围。务工就业成为村民增收的主渠道，农民的思想观念也在务工的过程中发生了转变，从移民初期内生发展动力不足，争抢着吃低保、要政策，到现在主动寻找就业机会和自主创业。在村两委的统筹规划和集中安排下，农民拥有了多项收入来源，形成了财产性收入、工资性收入、经营性收入等多项收入渠道，为农民脱贫致富提供了有力保障。

第一，以扶贫资金为基础再造集体资产。村集体资产是壮大村集体经济的重要物质基础，壮大村集体经济又是乡村稳定脱贫和迈向乡村振兴的必由之路。原隆村按照"资源变资产、资金变股金、农民变股东"的思路，整合扶贫资金，购买中科嘉业电力公司股金、建设设施温棚。在股金购买方面，中科嘉业电力公司几乎在原隆村每家每户的屋顶上建设屋顶光伏，每户每年300元屋顶租赁费。2017年到2018年，村集体整合扶贫资金1000万元，购买公司49%的股份，2018年分红120万元，每户建档立卡户分红850元，非建档立卡户450元。2019年，永宁县为闽宁镇将剩余公司51%的股份进行全额回购，分给剩下的其他5个村庄，原隆村成为最大的股东。在大棚建设方面，原隆村新建设施大棚55栋，安置建档立卡人员就业40人，人均务工月收入2400元。通过这两项发展壮大村集体经济项目的实施，增强了村集体的"造血"功能，村集体经济年收入每年能够保障达到147.4万元以上。

第二，依托集体资产打造多元主体联合产业。原隆村是移民新村，在产业发展初期，各项基础均比较薄弱，不得不借助外力催生内力。在政府的扶持下，原隆村以土地资本为基础，扶贫项目资金为支持，充分发挥村党支部的引领作用，探索"支部＋企业＋农户"的共富联合体发展模式。

一方面，通过集中土地流转引进企业发展劳动密集型产业。在种植业方面，原隆村以土地规模流转，加快传统种植产业结构调整。村党支部牵头集中流转土地发展葡萄种植1200亩、设施温棚建设1400亩、红树莓基地2700亩，带动本村富余劳动力务工1200余人，人均年劳务收入达2万元。此外，再次与立兰酒庄正式签约1200亩葡萄种植项目，创造更多务工机会。在养殖业方面，2014年到2017年，原隆村以村党支部牵头，流转土地由宁夏壹泰牧业有限公司建设肉牛养殖基地，探索"肉牛托管"模式，建档立卡贫困户每头牛自筹2000元，政府补贴扶贫资金2000元，企业担保贷款4000元，公司为每户建档立卡贫困户托管2头牛，每头牛年底保底分红2000元。农户可以在公司的肉牛基地就近务工，解决了80多人的就业问题，务工人员户均增收2.2万元。种养殖业的发展加强了村集体主导的劳务工作对接，同时也提升了村集体和农民的财产性收入。

另一方面，改建农贸市场打造电商扶贫车间拓宽农民增收渠道。在东西协作对口帮扶资金和政策的支持下，为充分发挥企业的渠道资源、运营技术等优势，闽宁禾美电商扶贫车间落户原隆村。原隆村利用扶贫资金将原农贸市场建成1500平方米厂房，免费5年提供给禾美电商扶贫车间使用。禾美电商扶贫车间是一个集生产、加工、销售、品牌培育、就业服务、电商创业孵化、技能培训于一体的电商扶贫示范基地。通过培养技术人才、带动贫困户就近就业等方式持续助力精准扶贫。禾美电商扶贫车间以本村女性劳动力为主，为有家庭照料任务的妇女提供了就近务工的机会，一定程度上解决了"留守妇女"和"留守儿童"的问题。值得指出的是，禾美电商扶贫车间通过文化知识学习和直播带货技能学习，提升了原隆村妇女的内生发展动力，改变了回族妇女的精神面貌和家庭、社会地位。扶贫车间厂房是原隆村的村集体资产，禾美电商扶贫车间的运营发展实现了原隆村的村集体和贫困户双向受益。

3.兜底保障：守住脱贫攻坚的最低防线

作为脱贫攻坚"五个一批"的重要举措，兜底保障担负着脱贫攻坚的底线任务，是解决贫中之贫、困中之困、坚中之坚的最后防线，是全面小康的托底安排。村集体经济的发展壮大不仅使建档立卡贫困户兜底更加有保障，也让村级组织能够为真正有困难和有需要的人提供帮助和支持，平衡贫困户和边缘户的关系，让群众"不争贫、不返贫"，激发群众内生动力。

在政策兜底户的帮扶方面，原隆村紧扣"两不愁三保障"标准，认真落实产业扶贫、健康扶贫、教育扶贫、社会救助、培训就业、危房改造、专项扶贫、社会帮扶等多项脱贫任务。按照"缺什么补什么，兜底兜到点子上"的原则，采取政策倾斜、亲属照料、司法监督等15项措施对25户68人政策兜底户进行叠加式精准兜底。同时，原隆村投资10余万元扩建政策兜底保障服务中心，解决了孤寡老人、残疾户等特殊群体理发、洗衣、洗澡等实际困难，聘用2名专职照料员对25户兜底保障户进行服务，提升特困家庭幸福感。对于已经脱贫出列的农户，原隆村依然进行政策的持续帮扶，巩固家庭生计，防止其再次返贫。

兜底保障是对农户最基本生活的保障，原隆村坚持只有勤俭持家、勤劳致富才能走出贫困的发展理念教育群众。群众也将"勤俭持家、勤劳致富"等话语体系作为家训，时刻谨记在心。为深入贯彻此发展理念，原隆村积极开展积分超市"EP"量化工程管理，从勤劳致富、重教兴家、技能学习、环境卫生、良好家风5个方面、43项全面的对建档立卡户进行评比。积分量化赋分细则每月由网格员、驻村工作队员、各组组长、村民代表不定时入户抽查打分，打分结果报村两委、村监会审核，审核通过后进行公示，公示后报闽宁镇和扶贫办复核并录入"EP"量化值。建档立卡户可凭卡上的量化值到原隆村积分超市换取等价值的商品。通过积分制管理，原隆村将"勤俭持家、勤劳致富"的理念深入到群众的日常生活中。进一步激发了贫困户内生动力，也实现了建档立卡户精准化管理。

（三）脱贫经验总结

在短短的 9 年时间里，原隆村从荒凉的"干沙滩"变成了承载梦想和希望的"金沙滩"。这得益于福建对口帮扶和各级政府的支持，更得益于村集体的全盘布局和统筹规划。原隆村从强化基层党组织建设入手，选优配强村两委班子，为村集体经济统筹规划和发展奠定了组织基础。在此基础上，原隆村充分激活村集体统筹功能，利用土地资源集中优势，进行规模化土地流转，壮大村集体经济实力；借助企业公司发展产业之外力，激活村集体经济内力，带动和培育村民内生发展动能；通过整合多项扶贫资金，再造村集体资产，增强村集体"造血"功能。俗话说，"穷掌柜过不了富日子"。只有村集体经济实力壮大了，村庄公益事业才能在更大范围上扩展，才能够实现统筹兼顾的发展。发展壮大村集体经济是打赢脱贫攻坚战和实施乡村振兴战略的重要基础。在未来的发展中，原隆村将继续做好村集体"统"的文章，并尝试将"统""分"结合起来，组织和动员群众参与产业发展，打造农户生计嵌入型集体经济。

武河村：党建引领产业升级

新中国成立 70 多年来，我国的扶贫治理体系不断完善，精准扶贫精准脱贫工作取得很大成效，各地在脱贫实践过程中建立了"党建＋扶贫"的模式，以此推动农村群众的脱贫致富，并提升基层治理能力等。对于农村而言，组织化力量的缺失是导致扶贫失效的重要原因，因此，武河村充分挖掘农村基层党组织和精准扶贫在农村社区中的优势叠加和互补功能，构建党建带扶贫、扶贫促党建、党建与扶贫协同推进的良好机制，并在实践中探索出了"党支部＋结对帮扶""党支部＋合作社＋贫困户"与"党支部＋公司＋

贫困户"等多种形式。

农村党建与精准扶贫的互促共进是基层治理的基本特征，是脱贫攻坚战过程中的核心步骤之一，保障精准扶贫各项政策措施落实到位，为精准扶贫工作的有效推进提供助力。武河村一方面通过完善基层党组织设置方式，优化党员队伍结构，提高物质保障，以及加强监督力度；另一方面加强对党员干部的培训力度，构建服务群众新模式，通过党建引领产业升级转型，积极对接各方资源，帮助贫困户走出贫困。

在各项扶贫措施中，帮助贫困村抓好村两委班子的建设十分关键，尤其是抓好支部书记的选配。通过强化党员责任、党员干部输入以及"党支部＋合作社"的基层实践策略，在扶贫领域形成了政党主导式扶贫，实践型党建产生双向再生产的新型耦合秩序。武河村作为闽宁镇较早成立的移民大村，经过并村人口数量增加，而组织力量有限。因此，武河村在发展过程中十分重视村两委班子建设，积极调动党员的示范带头作用，"聚是一团火，散是满天星"，发挥基层干部的能动性，组织协调好村里的大小事。武河村深入实施脱贫攻坚行动，按照支部引领、党员带头、产业带动的工作思路精准发力，形成"村两委＋合作社＋公司＋农户"的合作机制，充分发挥各主体的带贫益贫作用。

（一）武河村概况与扶贫进展

1. 武河村概况

武河村位于闽宁镇以南，距闽宁镇15公里，东接包兰铁路、西接201省道、南接青铜峡甘城子村、北接闽宁镇木兰村。闽甘路穿过，交通十分便利。武河村辖区有17个村民小组，南北6.7公里，东西2公里，辖区面积13.4平方公里。现有村民2235户、9290人，均由西海固地区迁出，汉族占37%，回族占63%。其中本地户口1216户4895人，自主迁徙户1019户4395人。

全村共有建档立卡贫困户 155 户 639 人，2018 年顺利通过市、县两级脱贫出列复核验收。2019 年便实现村集体经济收入 66.1 万元，2020 年村集体经济收入达 70 万元。武河村党支部为三星级党支部，在册党员 79 人，村两委成员 8 人，招聘其他工作人员 2 名，2019 年为顺利完成脱贫攻坚工作招聘网格员 3 名。武河村先后被银川市评为"脱贫攻坚先进集体""银川市'美丽庭院'创建示范村""银川市产业扶贫示范村"等。

武河村耕地面积 6669 亩，20 多年来形成了四个主导产业，酿酒葡萄、肉牛养殖、劳务输出和商贸物流。武河村现有专业养殖合作社 12 个，年均收入 10 万元左右。全村葡萄种植面积达到 5000 亩，葡萄总产量达 4737 吨，优质桃合计 848.64 亩。劳务输出是武河村的主导产业和农民收入的主要来源，据统计，2020 年全年输出劳动力 2621 人，人均年收入 2 万元，创劳务总收入 5242 万元，劳务收入占全村经济总收入的 61%。

2. 扶贫进展

近年来，武河村一方面通过更新品种和强化技术培训，促进特色酿酒葡萄产业提质增效；另一方面，通过土地流转建设现代优质桃产业园，种植结构不断调整优化，农民增收渠道不断拓宽。并且，以苹果和鲜食葡萄为主的千亩庭院逐步形成规模和特色，庭院经济活力逐步展现。养牛业出户入场工作也逐步深入开展，"三管入地"项目全面完工。武河村基础设施建设和人居综合环境发生质的变化，老百姓的安全感、幸福感进一步提升。在保质保量完成脱贫攻坚工作的基础上，武河村围绕"产业兴旺、生态宜居、乡风文明、治理有效、生活富裕"的目标持续发力，强化党组织建设，多业并举，转型升级迸发活力，奏响脱贫攻坚与乡村振兴最强音。

壮大集体经济，为民办实事。"现在一年的村集体收入比之前十年的村集体收入还要多，村里面有实力能真正为村民做点事情。"（马宁，武河村支部书记）武河村主要采用"结对子"的方法来帮助扶持贫困群众，充分发挥新型的经营主体作为产业脱贫的有效载体作用，以及撬动致富能手对贫困群体脱贫的带动能力。武河村集体经济主要来源于扶贫资金注入企业的分红，村两委发挥带头作用，组织对接工作，新老合作、优势互补，思路活、干实事。老干部基层工作经验足，有群众基础，新干部了解信息技术，上传下达增效率。

武河村驻村队伍进村帮扶工作最关键的一环便是改善村级的基层阵地，2018 年申请建立，新的武河村村委活动中心（2000 平方米）于 2019 年建成，重点打造了党员活动室，可同时容纳 160 人开展党组织活动，党员、群众的参与积极性显著提高，党组织更好地发挥作用。从这个方面来看，要让基层的党员同志发挥作用，需做好基层党员的服务，提升吸引力，培养凝聚力。在脱贫攻坚过程中，特别是在疫情的防控过程中，基层党员发挥了不可替代的作用。

经过精准扶贫与脱贫攻坚多年的努力后，武河村经济社会发展整体水平有所提高，基础设施日渐完善，交通愈加便利，商贸逐渐发达等。武河村还十分重视村民的技能培训，引导和鼓励村民积极参与，主要包括面点、刺绣、装机、挖机等技能型培训，一年约开 2 个班，通常会避开农忙，选在冬天开展培训。其中，农户庭院种苹果和种葡萄都曾举办过课堂和现场培训，参加的人数每一个班近 50 人，为产业发展奠定了基础。再如手工编织机构到武河培训，村民学会以后，由培训机构帮忙对接，寻找公司下订单，村民做好的手工品可以直接售卖，一方面村民们掌握多一些技能，另一方面可以带来额外收入，增收效果明显。

（二）闽宁南大门：脱贫致富商贸路

武河村作为闽宁（银川）的南大门（邻近联合农场、青铜峡等地），充分利用地理位置优势，向周边辐射（邻近两个移民村，不到 5 公里：同福村和同乐村，约 2 万人）。从村边十字路口的零散摆摊经营开始，逐渐发展成初具规模的小型商业街，人流量达 5 万人，入驻商户约 500 户。并且，为拓展空间进一步挖掘当地小商贸的潜力，武河村在 2014 年向上级政府申请建立了一个农贸市场，约 20 亩，在节日等旺季时可额外容纳 300 多个摊位，充分满足村内及周边居民的消费需求，打造成为"南大门"最热闹的商业街，家门口就能买到好东西，方便快捷省心，提高老百姓的生活质量，带动武河村的消费升级与经济发展。

（三）劳务输出：引进走出增收入

武河村的支柱产业便是劳务输出，村里成立了劳务公司，出县打工每年有 2300 人左右，武河村周边城市多，外出打工比较方便，就近务工的有 4000 人 / 年左右，主要去葡萄园、养殖场、工厂等地。闽宁镇原有大批人种葡萄，最早种农户因为找不到销路、嫌种起来费事，就把葡萄地推掉并将土地流转。只有武河村的村民还在种葡萄，周边葡萄园和企业都更愿意雇用武河村的人，村民有种植经验，能自己干，不懂的地方也一教就会，对企业来说很省心，周边各大葡萄园用的多数是武河村的人。

引进产业。闽宁镇政府牵头帮助引进桃园，2019 年武河村将 1000 亩土地流转给正果公司，流转费用 650 元 / 亩 / 年，流转种好之后村民可以反包赚管理桃树的费用等。除绿化和道路等实际种植桃树面积 850 亩，2021 年挂果，并且，该企业给每个村民家里都发了 2—3 棵桃子树，在院里种着可以自己吃，也能学会怎么种。近年来，武河村村民院子里面种满了果树，发展庭院经济。

（四）产业融合：多元合作稳脚步

"宁夏的红葡萄品质好，宁夏的酒庄在闽宁"。武河村较早推广种植葡萄，2006 年开始，十几户示范种了 168 亩，当年销路好、价格高，村民看了便学着种上，2009 年开始大面积种植，约 3155 亩。葡萄苗借着农业项目资金一部分由镇政府提供的，还有一部分由酒庄老板提供，希望农户葡萄种成了，卖给他们。在2012年挂果上市，市场还可以。武河村作为主要种植葡萄的农业大村，葡萄有销量，市场较稳定，脱贫就有希望。正如访谈过程中村主任苏某提到的，"村里有产业、产品有销路、农民有收入，发展形成产业链就能脱贫，我们武河村妇女、还有老年人，50—60岁都能挣上钱，周边有大的葡萄园，一年四季都能倒腾。"2017年至2018年，葡萄酒庄积压了很多酒卖不动，全国没有好市场，周边只有武河村村民坚持种，他们知道葡萄属于常年活，觉得拔了代价太高，也因此这两年赶上了好价格，下一步重点关注改良品种和提升质量。

面对挑战，武河村转变思路，打造武河村千亩优质桃园，将桃园与乡村游、桃花节、农民丰收节等主题活动相结合，可实现长期就业200人，季节性就业500人。武河村不断推进一二三产业融合，推动多方合作，致力于多元发展，避免因产业单一带来不可预估的风险。

（五）武河村脱贫攻坚经验总结

新时代需实现农村基层党建目标与精准扶贫目标的有机结合，农村基层党组织的制度落实与贫困户的利益保障有机结合，农村党员队伍建设与扶贫干部选拔工作的有机结合，以及农村党员干部作风建设与贫困群众精神脱贫的有机结合，由此更好地深化两者的协同推进与发展。加强农村基层党组织建设，严格落实基层党建责任，扎实开展基层党组织评星定级，将党建与脱贫攻坚有机结合起来，注重做好抓班子建队伍、抓基层打基础的工作，继续发挥党建引领产业转型升级的作用。

脱贫攻坚与乡村振兴还需聚人气，集资源。"人多你种两袋粮食有人吃，两瓶水有人喝，你没人啥也没用"（武河村村主任）。就武河村的经验来说，从原来430多户合并后增至2000多户，人力资源充足，发展有基础，外面的东西可以进来，武河的东西可以出去，四处的投资也闻风而来。并且致富带头人增多，1个致富带头人带动1户，累计起来脱贫增收效果十分明显。

武河村的致富带头人原来主要是搞建筑的，离内蒙古近，一班一班带出去搞工程，约 300 元 / 天，工价比宁夏高 100 元，能让工人挣到更多的钱。

首先，以党建带扶贫。党建引领扶贫主要体现在农村基层党组织能够为精准扶贫提供组织依托，发挥在精准扶贫工作中的动员能力和资源调配能力。其次，以扶贫促党建。精准扶贫为农村基层党组织提升战斗力提供了突破口，增加了它与基层群众的密切联系，夯实了农村基层党组织的执政之基。最后，党建与扶贫协同推进。农村基层党建与精准扶贫的协同推进，既不同于以往党建与扶贫的各自推进，也不同于单向度的党建带扶贫或扶贫促党建，而是党建与扶贫的有机结合与互动发展。

玉海村：党建引领下的村庄自治与移民发展

（一）玉海村的历史与困境

玉海村约形成于 1989 年以后，最初由海原县自发搬迁移民通过购买玉泉营农场转让土地（原黄金玉家庭农场）3000 亩安家。1990 年自治区政府发文为海原吊庄移民额外开发了 7000 亩土地，总占地面积 1 万亩。2000 年 8 月该地被移交给永宁县政府管理，同年成立玉海经济开发区并设立管理委员会。2004 年撤乡并镇后，玉海经济开发区更名为玉海村。截至 2020 年底，全村耕地面积 7229 亩，其中流转土地建设设施园艺项目 362 亩，白萝卜种植项目 371 亩，辣椒基地 135 亩，其余种植玉米和小麦。全村下辖 16 个村民小组，总人口 1578 户 6151 人。村庄现有村两委班子成员 9 人，党员 57 人，村民代表 49 人。2014 年至今，全村共识别建档立卡贫困户 155 户 567 人，于 2020 年全部脱贫出列。

作为第五代自发移民的主要搬迁地，玉海村 90% 的人口来自海原县，移出地恶劣的自然地理环境、落后的基础设施建设迫使海原县贫困群体以投亲靠友、购买房屋的方式来到玉海村定居，但是作为一个没有村集体经济的移民点，自发移民普遍存在受教育水平低、发展意识不足、无业待业突出、人员流动频繁管理难度大等问题。玉海村仅有 2 户汉族，其中 1 户还是流动人口，几乎全是回民的民族结构避免了因移民导致的生活适应难题。移民地域性较强，社会联系紧密，宗族亲属关系在维系村庄秩序中起到重要作用，加强村庄内聚力。作为由多个村庄移民共同搬迁合并的大村，基层村干部队伍的建设是村庄管理的难点，而固有的强宗族关系也阻碍了非海原地区移民的村务治理进程，依托于亲属关系所组成的基层治理结构使得外地移民难以被发展为党员，影响村庄政治生态。党组织管理涣散、贫困群众内生动力不足与村集体经济薄弱"三座大山"成为限制玉海村发展的主要难点。

（二）党建引领下的脱贫历程

为整顿软弱涣散党组织，玉海村加强党的基层组织建设，以提升党员先进思想引领村庄脱贫攻坚工作。为打破村庄内部原有党员干部社会关系密切、排斥外地移民与外来扶贫主体、固守原有治理路径的村庄发展困局，永宁县党支部与闽宁镇党委根据实际情况选派乡镇干部担任村书记和驻村第一书记，二人合力推进党员干部政治素质提升行动。借助"不忘初心、牢记使命"主题教育，实现"两学一做"学习教育常态化，党员学习覆盖率达到100%，促进党员思想转变。通过严格落实主题党日活动、党费收缴、党员评议等基本制度，推进基层党组织的标准化、规范化运作。玉海村在 2019 年底暴发的新冠疫情防控工作中，深入挖掘本村疫情防控积极分子，动员这部分群众积极靠近党组织，成功发展 1 名党员，培养 2 名入党积极分子，确定 2 名发展对象，为整顿薄弱村党组织奠定坚实的人才基础。自村党组织整顿以来，两委班子逐步健全，分工明确，政策理解和执行能力有了很大提升。

为加强对移民的社会管理，基础设施建设是稳定移民居住意愿的第一步。在住房安全有保障的基础上，玉海村1578户居民全部实现自来水入户、道路硬化和互联网覆盖，移民生产生活的硬件设施得到改善。县乡一体化卫生管理服务模式大力提升了村卫生室人员诊疗水平，村卫生室医疗水平进一步加强。村卫生室承担全村预防接种、妇幼保健、养老、健康教育等基本公共卫生服务项目，为村民建立健康档案，定期开展健康知识讲座，做好保健知识宣传和预防诊治工作，落实基本医疗全覆盖。扶贫干部与两委班子合力，按照"缺什么补什么，兜底兜到点子上"的原则，认真落实健康扶贫、教育扶贫、社会救助、培训就业与社会帮扶等任务，切实落实"控辍保学"目标。

稳定移民生计是移民摆脱无业待业无序状态的根本途径。在基层党组织战斗堡垒的作用下，扶贫干部与村两委干部充分利用玉海村土地资源，推进本村种植结构调整，利用沙壤土的土地优势发展经济作物，跳出原有种植玉米、谷物的思维框架，实现稳定增收。玉海村还积极探索党建引领的"支部＋企业＋农户"产业发展模式，走出了一条围绕党建抓产业、党员示范带动、群众跟着干的发展新路，盘活了村级经济，有规划的进入项目和产业，形成有序的乡村产业发展框架。

在村支部的带领下，2018年底玉海村向上级成功申请了49栋第三代日光温室项目，总计流转土地169.6亩，于2019年建成，2020年投产。通过企业带动，农户参与经营及务工，种植无花果12栋、葡萄2栋、各类蔬菜35栋。至2020年底，温棚每栋年产值达6万多元，是传统种植作物产值的6倍，对玉海村实现农业产业结构调整、打赢脱贫攻坚战、扩大主导农业产业规模、推动本村经济健康高效发展具有重要意义。同时，玉海村流转371亩土地种植白萝卜，28户村民可以获得土地流转收入，也能够参与农业雇工。每年至少有50名本村村民可借助种植、收割萝卜、辣椒等获得收入。而且通过务工，村民也可以学习新作物的种植技术，实现自产自销。日光温室项目、白萝卜种植项目与辣椒种植特色产业有效推动了玉海村的种植产业升级，形成新型产业规模。

玉海村基层党组织整顿以来，基层党建真正站在乡村发展最前线，成为乡村基础设施建设与产业发展的领导者、推动者和服务者，进一步引导党群干群关系向善向好发展，为乡村巩固脱贫成果、实现发展凝心聚力。

（三）激发内生动力实现可持续发展

要想巩固好脱贫攻坚成果，必须提升移民群众的思想道德素质，提高他们对村庄的归属感和认同感，积极参与到村务管理与村庄发展进程中来，实现乡村振兴。

为进一步提升村级自治能力，激发贫困户内生动力，玉海村于 2019 年 10 月改建了集积分兑换、商品零售、便民快递于一体的积分超市。按月组织驻村工作队、网格员、村两委包组成员、村民代表、党员代表，围绕勤劳致富、重教兴家、技能提升、生态环境、良好家风、社会公德等 6 个方面 43 项入户量化赋分。通过将赋分结果报村两委、村监会审核，审核通过后进行公示，之后报镇政府审核，将所得积分充值到农户积分卡中，农户凭借积分卡可在积分超市中按照一个积分一块钱的标准兑换生活用品。农户之间积分的差距会激励他们自我发展、自我管理、自我约束、自我教育、自我服务，依托积分超市转变贫困户的"等、靠、要"思想。

村庄劳务经济是玉海村重要的收入来源，已婚且稳定的移民村民是劳务输出的核心，水利和运输是本村主要的劳务输出形式，水利劳务输出主要依托劳务经济人组织实现，就近的季节性水利务工能在帮助家庭增收的同时满足家庭农业生产和照料需要。交通运输是本村村民脱贫致富的核心，本村仅劳务输出所需车辆就达到 100 多辆，村民通过自己贷款或者筹资购买卡车，依赖长期的交通运输还清贷款或债务，再工作 2 年稳定收入后购买新车，继续从事交通运输，一个月的收入能达到 1 万—2 万元，十分可观。

为了帮助移民克服"怕贫、赖贫、不脱贫"思想，玉海村积极开展入户宣传和动员工作，为移民详细讲述村庄产业发展前景、村庄脱贫进程，鼓励移民在原则范围内享受国家政策，提升抗贫动力。积分超市与多样化的劳务输出形式激发了贫困群众的内生动力，鼓励搬迁而来的移民依靠自己的勤劳致富，彻底摆脱贫困难题，实现可持续生计安全。

福宁村：开荒引路人建起的文明示范村

（一）村庄概况

福宁村是原来的闽宁村，福宁代表福建、宁夏两省区共同建造的村庄，福宁村地理位置优越，位于闽宁镇政府驻地，110 国道贯穿南北，全村共 19 个村民小组，人口 4589 户 19576 人，其中有户籍人口 2143 户 9755 人，无户籍人口 2446 户 9821 人。回族人口 14393 人，占总人口 73.5%。总耕地面积 8500 亩。现有党员 88 名，村两委成员 6 人（含大学生村官 1 名）。全村共有建档立卡贫困户 166 户 584 人，现已全部脱贫，2019 年招聘建档立卡户网格员 4 人，进一步加强对建档立卡户的管理和服务，为全面打赢脱贫攻坚战提供有力保障。辖区内有村级卫生室 1 所、小学 2 所、中学 2 所、公立幼儿园 2 所、牛羊交易市场 1 个。全村现有货车 146 辆，家庭轿车 1290 辆，农用车 379 辆。

截至 2020 年，全村共有致富带头人 56 人，培育劳务派遣公司 3 家、劳务经纪人 16 人，输出劳动力 6000 人，人均创收 13970 元，年总收入可达 9000 万元左右，在夏利派、闽夏等服装加工企业稳定就业 200 人；积极发展以农副产品集贸、餐饮住宿、商店超市等为主的服务业商户 700 多家；2018 年引进银川瑰海农业科技发展有限公司到福宁村原枸杞园区发展特色种植业，主要种植品种以引进的金汇丰玫瑰品种为主，为发展乡村旅游业添砖加瓦；2019年，福宁村全力做好特色种植企业的招商引资工作，村两委采取有效措施扎实推进土地流转工作，共计流转7700余亩土地，发展特色酿酒葡萄种植，形成产业链，积极推动乡村振兴战略实施；2020年3月，福宁村村委会与君鑫胜（宁夏）生物科技有限公司达成合作，将原福宁村现代设施农业产业项目建设的71栋第三代日光温室温棚，采取温棚租赁的方式将温棚园区交由承包方运营，签订土地流转、温棚租赁两份协议，做到既保障农民群众的土地资源收益，同时也保障温棚园区资产收益，实现村集体经济壮大"不缩水"。

福宁村两委积极培育发展特色优势产业，形成了集特色种植、劳务输出、商贸物流服务、生态农业为主的4大产业布局。同时，党支部不断加强精准扶贫、扫黑除恶、民风建设、民族团结、社会治理、公共服务等方面的工作，全力推进福宁村经济社会安全稳定全面发展。福宁村先后获得"2019—2023年度银川市文明村镇""第二届银川市移风易俗示范村"等。

福宁村现在的发展与老支书谢兴昌离不开关系，从西吉县搬迁到闽宁镇至今28年来，他立足农村，不忘初心，始终发挥党员带头示范作用，不仅自己带头致富，而且带领福宁村的老百姓共同致富。作为村干部，他始终把"不忘初心、牢记使命"作为开展工作的出发点和落脚点，带领全村人民埋头苦干，开拓创新，把一片"干沙滩"建设发展成一个远近闻名的先进文明示范村。

（二）能人带动的脱贫历程

1.移民开发："老家靠天吃饭，这里靠我们自己。"

西海固地区十年九旱，自然条件十分艰苦，流传着这样一个故事：一亩地种下60斤小麦种子，收回来的还不到50斤，且都是秕的；即使遇上风调雨顺的好年份，一亩地最多也才打下三四百斤粮食，一家老小常常连肚子都吃不饱。穷则思变，1996年，谢兴昌从广播里听到国家出台的有关移民政策，心情非常激动，就思谋着搬出大山，改变靠天吃饭的苦日子。1997年7月12日，谢兴昌带着老家五名老乡一起来找出路，7月13日那天，天气炎热，谢兴昌就自言自语地说出了"天空无飞鸟，地面不长草，沙滩无人烟，风吹沙粒跑"这四句话。在这一无所有、寸草不生的干沙滩上要新建房子比登天还难。7月15日，偶然的机会碰到了福建省对口扶贫宁夏的奠基揭牌仪式，听到了时任福建省委副书记习近平同志的贺信，在贺信中习近平同志4次提到了闽宁村，谢兴昌听后非常激动，默默在心里许下愿望："我一定要来闽宁村"。

谢兴昌坚定了信心要搬来这个地方，回家之后不断动员本村人员，1997年8月，谢兴昌第一次一共动员13户人家和自己搬到闽宁镇，一开始这里一片沙滩，没有电、没有水，交通不便利，环境恶劣，刮大风时房屋的瓦都会吹掉，道路全是尘土，连自行车都骑不动，只能步行。跟着过来的13户看到这种情况也起了退堂鼓，老谢看出了他们的心思，二话没说开着三轮蹦蹦车拉着这13户人到了4公里外的玉米地、高粱地、枸杞地、葡萄园、苹果园看一看，他们确实有些心动了。"我老谢铁了心要在这建房子，你们不想建了就给我帮帮忙，把我的房子建好，我给你们路费你们回，我不回去，我要在干沙滩扎根搞建设、搞开发。"（谢兴昌，原闽贺村村支书，现福宁村村支书）

谢兴昌是过来闽宁村第一批建房子的，也是第一户过来建房子的。他一口气就建了5间房，2间用来住，3间用来做村卫生室，他担心移民刚搬迁过来，各项配套设施来不及建设，移民可能会出现水土不服，好在谢兴昌是固原卫校毕业的，懂点医学，这就避免了移民们求医无门的状况出现。就这样，谢兴昌靠着一己之力，保证了第一批移民的身体健康。

"老家靠天吃饭，这里靠我们自己。"正如谢兴昌所言，不再靠老天爷施舍雨水，黄河水在福宁村建设的第二年顺利进村，一排排砖房刷新了干沙滩的颜色。接连吃了两年的黑面馍、玉米面馍，福宁村村民终于在饮上黄河水后，吃上了白面馒头和蔬菜。

一起移民过来的马文祥、潘才学、马文贵、马校怀等老街坊，跟着老支书同甘共苦，亲自试种玉米、枸杞。靠着勤劳双手，第一年，大家试种的玉米收了 1200 斤，枸杞收入 1200 元，收成远远高出老家那片黄土地。这片土地越来越得到人们的认可，越来越多的西海固村民自发移民到这里，在谢书记的带动下来了一批又一批的移民。

2. 脱贫致富："老支书回来了，福宁村的好日子来了。"

"不会带头富，不带群众富，就不是好党员"。这正是谢兴昌的心里话。谢兴昌这个老书记，带着村民干了两次脱贫致富，第一次是刚搬到闽宁村时，当时闽宁村分为闽贺村和兰江村，1998 年 1 月，谢书记担任闽贺村村委会主任，2002 年 2 月，谢书记担任闽贺村党支部书记，作为村干部的谢兴昌，深知责任重大。经常挨家挨户的找党员、找群众谈心，给老百姓讲党的搬迁惠民政策，听取他们的意见和建议，同时争取群众对村里各项工作的支持，使他们团结在村两委的周围。人心齐了，矛盾少了，思想活了，经济才能发展，群众才能富裕。他看到周围老百姓的日子特别困难，他觉得这样下去不行，要想富裕起来，必须开拓新的途径。

在福建对口帮扶干部的支持带动下，他带领村民们学习种蘑菇和种枸杞，到后来种葡萄和养黄牛，日子越过越红火。积极组织和鼓励老百姓参加技能培训，组织劳务输出，鼓励群众自主创业，开商店，卖煤炭，发展庭院经济，自己还注册塔吊租赁公司，带领老百姓外出打工。老百姓眼界开阔了，日子也越过越好了，老百姓把土坯房换成砖瓦房，房子换了几换，生活也跟着发生了翻天覆地的变化。

2006 年合村并组，闽贺村和兰江村合并成为福宁村，村上工作走上正轨之后，谢兴昌认为村里的工作应该交给更年轻的人来带头干，自己年纪大了，村上的卫生室还没有找到合适的接班人，治病救人同样重要，心有余而力不足，决定退居二线。

2019 年村里出现村干部存在不作为、工作涣散问题，将 2016 年的五星级党支部变为 2019 年底的 0 星级党支部。而即将迎来的是脱贫攻坚战的决胜之年，干事奋斗的冲锋号再次吹响。65 岁的谢兴昌经过组织考察重新出山。大家伙都说："老谢回来了，脱贫工作就好干了！"

2019 年 12 月 15 日，是谢兴昌出山的第一天。这一天，谢兴昌啥事没干，就和村两委班子面对面谈了心："党把我一个 65 岁的老家伙喊回来，是对我的信任，也是大家伙对我的信任。只要老谢身体还硬朗，没有吃不下的苦没有干不成的工作！"像当年开荒建设一样，谢兴昌干着工作时常忘了饭点。这一次，谢兴昌身边除了当年一起同甘共苦的兄弟们，还多了不少年轻面孔。村主任王荣虎今年 31 岁，敢想敢干有担当，组织协调有魄力，和谢兴昌一老一少搭班极为默契。

2020 年这一年村两委、扶贫干部在扶贫开发方面没少下功夫，第一，扎实开展书记遍访贫困户行动，以驻村工作队每月走访、村组干部包组随访等形式，全面及时了解建档立卡、边缘户、政策兜底户等贫困户的家庭收入、生活水平、健康状况等情况。结合自主迁徙居民排查等工作，走访摸排边缘户，经动态调整，排查出边缘户 12 户 62 人。落实教育补贴 10 户 16 人，医疗保险退费 15 户 56 人，申请公益性岗位 3 个。根据上级部门安排，6 月利用一个星期时间，对外县区反馈的 296 户建档立卡进行逐户走访，并建立一户一档，针对"两不愁三保障"有问题的，及时上报。

第二，统筹扶贫政策，调动各方力量。对全村建档立卡、边缘户因人施策、因户施策，制定"一户一档"。在政策扶贫方面，对"无业可扶、无技在身、无力脱贫"的贫困户，用好政策兜底保障措施，2020 年新增、调增低保 40 人，申请临时救助 12 人。在就业扶贫方面，联系对接服装厂、葡萄酒公司等企业，优先为贫困家庭、贫困人员提供就业岗位；指定专人负责就业工作，建立劳务信息交流微信群，经常性发布就业招工信息；为保证贫困弱劳力、半劳力人员有活干、有钱挣，申请公益性岗位 17 个。在教育扶贫

方面，继续对全村中考、高考优秀学子进行表彰，奖励资金近 2 万元。申报
"雨露计划"30 人，申请厦门教育基金 3 户 5 人。在扶志扶智方面，实施"EP"
量化管理、组织开展"美丽庭院"评选。在社会扶贫方面，联系对接银川市
委宣传部、银川市公路管理中心、银川市雷锋车队、驻训部队、永宁车管
所、河北爱心人士等单位、组织及个人对本村贫困户进行扶贫慰问，2020
年共计慰问 260 余户次，合计金额 8 万余元。

第三，关注政策兜底保障对象生活水平。装修建成集洗衣、洗澡、理发
为一体的政策兜底保障服务中心。研究确定组织关怀、送餐入户、企业认
领、政策倾斜、司法监督等 15 项保障措施。与 6 名政策兜底保障对象直系
亲属分别签订《家庭老人赡养协议书》《家庭人员照料协议书》，保障兜底保
障对象正常生活起居。针对吴牛笨、吴升余叔侄 2 人生活自理能力欠佳实际
问题，联系对接县镇有关部门，将叔侄二人送至永宁县敬老院。聘请县城靓
丽发艺理发师为公益理发师，联系宁夏红玫瑰理发学校到村公益理发 2 次，
联系心理咨询师到村为心理疾病患者心理咨询 1 次，协调住建部门专业人员
对全村 166 户建档立卡家庭进行住房安全鉴定，反复入户核实，并进行电子
信息系统录入。

3. 疫情防控："我是党员我先上，我是党员我带头！"

疫情防控期间，谢兴昌和村主任王荣虎两人又是给村民送口罩送消毒
液，又是安排协调卡口盘查、入户排查、宣传防疫知识，硬是八天八夜基本
没合眼。全村 39 个卡口，谢兴昌白天忙完一天，夜间还坚持值守卡口。疫
情防控工作会开到凌晨三点，天还没亮就要落实会议部署。老支书没休息，
年轻的村主任王荣虎也丝毫不敢松懈。疫情防控这场硬仗，老支书冲锋陷阵
在前，守住了福宁村 19986 人 4489 户村民的安危，也守住了老支书再次出
山对村民们的承诺。村民马校怀说："老谢同志来了，咱村又有奔头了……"
村民马文祥说："老书记有威望，最知道咱的冷暖……"

疫情就是命令，防控就是责任。2020 年初，面对突如其来的新冠疫情，

村两委、扶贫干部主动扛起战"疫"大旗，连续 40 余日奋战在疫情防控各条战线上，勇于担当、冲锋在前，以实际行动为群众筑起一道阻隔疫情的牢固防线。首先，严把人员聚集关，织密防控网。成立疫情防控巡查队，佩戴红袖标，每天在广场、巷道等群众喜欢聚集的地点进行巡查，劝阻告诫村民少出门、不聚集、勤洗手、戴口罩。利用前期为各组配备的大喇叭，在不扰民时间段不定期播放相关音频资料，进行抗击疫情"喊话大PK"。劝阻制止全村婚丧嫁娶等各类群体性聚集活动，经劝导 6 户简办、6户延期。

其次，严把信息排查关，算好基础账。按时完成在银人员信息普查。驻村工作队包组入户，克服时间紧、任务重的实际困难，连续五天五夜与大学生、志愿者一道在全村范围内进行"地毯式"全覆盖普查，摸清了人口底数，掌握了外省返宁人员详细信息。及时掌握"三返"人员信息。注重发挥组干部"耳聪、目明、嘴巧、腿勤"的特点，第一时间了解掌握近期"三返"人员基本情况并上报，根据"三返"人员具体情况，及时采取相应举措。

最后，严把卡口进出关，筑牢堡垒墙。采取硬核措施，对全村 39 个路口全部进行封堵隔离，仅留 1 个应急卡口、1 个出入检验卡口，构筑起疫情防御的"铜墙铁壁"。严格卡口检验，实行"24 小时三组倒、三天一轮班"工作制，认真做好进出入车辆人员消毒、测温、登记等工作。做好居家隔离户"四包一""四服务"工作，化身"代购员""快递员"，满足其家庭生活需求，通过视频、电话等指导做好体温监测、健康宣传、心理疏导，做到"隔离不隔情"。

4.乡村治理："村庄人数太多了，这可怎么办？"

乡村治理是国家治理的基石，没有乡村的有效治理，就没有乡村的全面振兴。福宁村人数较多，有两万多人，可以达到小型乡镇的人口数量，主要为自发移民和劳务移民，而劳务移民主要集中在永安小区。针对村域服务管理人口多，群众劳作性质多样等问题，根据镇党委政府安排，2018年10月新成立福宁社区，2019年9月成立社区党支部，依据地理位置、群众劳作性质等因素，以莆西街、西夏渠为界，将移民小区、街道组划分到福宁社区。这样社区主要由"十二五"劳务移民、街道商户、新镇区安置户及自发搬迁移民组成，人群比较类似，相对比较容易管理，社区总住户2910户，总人口6613人。

福宁社区虽然从福宁村划分出去了，但仍然沿用原福宁村（居）委会活动阵地。福宁社区划分出去之后，社区居民多以打工为主，社区干部就考虑到了孩子放学时间和家长下班时间多数不一致，导致很多家长无法接送孩子，孩子放学后的去处与管教成为很多家长一大难题，导致很多家长难以安心上班。2019年7月12日，福宁社区开设公益"四点半课堂"，首期报名20余名学生。课堂的开设，一方面可解决下午四点半放学后孩子的"教育真空"问题，实现学校、社区和家庭三位一体的无缝对接；另一方面也可保障孩子的安全，为很多家长解决后顾之忧，"四点半课堂"遵循自愿原则接纳福宁社区辖区内中小学生，主要针对留守儿童、单亲家庭子女，所有教学和服务均无偿提供，服务时间为周一至周五4：30—6：30。"四点半课堂"重在普及知识，激发兴趣，陶冶性情。主要以课业辅导为主，朗诵、声乐、舞蹈、书法、绘画、手工等培训为辅，以丰富留守儿童的课余生活，拓宽视野，发掘潜能。

福宁村村民划分出去部分成为福宁社区，但是剩下的村民仍然很多，村庄治理仍然是一个大问题，谢书记认为"福宁村不是我一个人的福宁村，是大家的福宁村，应该积极带动村民参与村庄自治，从身边的小事做起"。例如在环境整治方面：首先是干部带头，实行副书记、副主任分片包抓工作制度，坚持问题导向、强化责任落实。对群众反映、走访发现的沟渠暗角、荒芜院落等卫生死角进行挂牌督战，组织做好机械、人力配合工作，坚持"事不过夜"，发现一处治理一处，保证治理效果。其次，通过强化典型示范引领，推选市级"美丽庭院"3户，并分别获赠1台洗衣机，这激发了群众比赶超的劲头。再次，发动村民参与村庄治理，9月15日至16日两天，动员福宁村19个村民小组义务工、村组干部、基层党员共出动1500人次参加环境整治大会战行动，清理闽甘路、西夏路两侧杂草、垃圾，对景观林和防护林带进行了修整。2020年8月，在全市农村人居环境整治排名中，取得了第六名的好成绩。

（三）文明示范村的明天

从无到有，福宁村这个象征两省区亲兄弟般情谊的村庄在开荒引路的先行者谢兴昌同志的引领下，已经顺利完成了脱贫攻坚战，现在正朝着乡村振兴的方向大步前进。目前已经制定了"十四五"开局之年、中国共产党成立100周年——2021年的工作计划，福宁村将会在谢兴昌同志的带领下深入贯彻落实党的十九届五中全会精神，以习近平新时代中国特色社会主义思想为指导，坚持党建引领，强化产业带动，不断提升群众幸福指数、社会文明程度，努力实现经济繁荣、民族团结、环境优美、人民富裕。

木兰村：特色种养奔小康

木兰村位于闽宁镇东南处，北至阜宁村南五组，南邻武河村一组，东至包兰铁路，西至闽宁产业园、瀛海水泥厂，处于福宁、武河、园艺三个村的中心区域。木兰村村民多为1997—2000年自西吉县自发搬迁至此的移民，木兰村现有14个村民小组1094户4246人，回族人口占93.6%。党员54名，村两委成员8人、大学生返乡人才1人。

近年来，木兰村不断加强基层组织建设，以党建引领产业发展，积极推进脱贫富民、乡村振兴战略。形成了养殖、种植、劳务输出三大主导产业，不断加强就业培训力度，倡导社会主义核心价值观，助力乡风文明建设。

（一）土地流转，特色种养致富路

1."酿酒葡萄"+"木兰枸杞"，拓宽村民收入渠道

木兰村土地面积为 8400 亩，其中耕地面积 7564 亩。2018 年闽宁镇申请农业高新技术开发区，其中着力将葡萄酒打造为主导产业。木兰村日照充足，热量丰富，昼夜温差大，且土地多为沙砾地，是种植酿酒葡萄的最佳地区之一。因此自治区葡萄酒局以每亩地 650 元的价钱对木兰村的土地进行流转，规模种植酿酒葡萄打造种植基地。2019 年木兰村 92%约 6900 余亩土地流转出去。村民在获得土地租金的同时也可就近在葡萄园进行打工，增加了收入来源。

此外，木兰村致力打造枸杞种植示范村。依托红枸杞合作社，统一注册"木兰红"商标，打造枸杞品牌，引进宁夏丰禾润农业科技发展有限公司进行枸杞产品研发，流转土地 500 亩，发展枸杞标准化种植。还与九洋杂粮科技公司签订收购协议，在品质保证前提下，高于市场价格收购推广试种小杂粮 940 亩，提高群众种植收入。剩余未流转的土地则由村民自行耕种，也主要以种植经济果林为主。通过土地流转，打造特色葡萄和枸杞种植，提高了居民的经济收入，也拓宽了贫困户收入渠道，实现收入多元发展。

2."出户入园"+"扶母还犊"，助力木兰脱贫脱困

在过去，木兰村村民多以种粮和养殖为生，随着土地流转速度的加快以及乡村环境卫生整治的需求，木兰村开始探索"出户入园"的养殖模式。2018 年木兰村依托扶贫资金修建养殖园区，建有园区一期 16 栋牛棚、二期 24 座棚，饲料加工车间、饲料池 2 万立方米、管理房 500 平方米(含消毒间、防疫站)、信息化及管理软件 1 套、绿化、道路、污水处理设施、供电、排水等基础设施。

其中一期养殖园区主要采取"农户自养，集体管理"的方式。一栋棚一年租金为 12000 元，共租给 70 户农民；入园第一个月，对村民免租并且可得到饲料，这一举措大大激励了村民"出户入园"，也实现了村内养殖统一化、技术化管理，成为闽宁镇"出户入园"的示范点。养殖园区二期引进粤籍企业广州传记潮发餐饮公司经营管理，每年需向村集体缴纳50万元租金。该企业在广州有30家连锁店，企业一年屠宰量1万头，闽宁镇存栏1.8万头，除去母牛和犊牛实际的供给量还不到一半，按照其需求量可以全部收购，且该公司是以高于市场价10%进行收购，解决了牛贩子压价的现象。而本村枸杞、蔬菜以及玉米也可直接销售给该公司，延长了产业链。"老百姓种的粮食（玉米）不愁销，青储玉米可以卖给这些养殖场，养殖场多了，青储玉米涨价，今年一吨涨了将近100元，一亩地增收300元，这是保守估计。"（杨青，副镇长）。同时政府也会给予企业一定的优惠政策：农业上的饲草、青储补贴，养牛场场地的租金，前三年低一些，是政府投资额的3%，中间三年4%，后三年5%。

木兰村也依托犇旺肉牛养殖有限公司，按照"养母牛、繁小牛、出售商品牛"的思路，木兰村大力推进"扶母还犊"试点工作。参与"扶母还犊"的农户，企业以高于市场的价格收购农户的犊牛以及淘汰的母牛，其中对建档立卡贫困户以高于市场价10%收购犊牛，一般养殖户以高于市场价5%收购犊牛。实现养殖户户均年增收10400元（头均增收2080元/年）。通过实施"扶母还犊"产业发展模式，建立农户和企业间稳定的利益联结机制，实现统一引种、统一培训、统一销售"三统一"模式，降低生产成本、降低经营风险、优化资源配置、提高经济效益。

将种植葡萄的葡萄籽榨干后，是喂牛的上等好料，一吨卖到300—400元，形成了良好的循环产业，通过特色种养，提高了居民的收入水平，也助力贫困户脱贫，推动木兰村的经济发展。

（二）勤劳肯干，劳务输出奔小康

闽宁镇劳务经济起步早，规模大，是农民增收的主要途径。"木兰村的人踏实肯干，很勤劳，出去务工的人非常多"。木兰村劳务经济人有 18 个，劳务公司有 2 个，采取向外输出和就近转移相结合的方式。东部地区经济发达，劳动力短缺，加之闽宁协作的背景下，木兰村的劳务输出地主要为福建省，村内劳务中介马云海年累计带上千人，和各地建立了长期劳务联系。村内会有人与附近葡萄酒庄建立联系，带老年村民或者女性村民去周围葡萄园打工，也有年轻劳动力就近在永宁县、银川市打工。

木兰村为推动村民就业，加强就业培训力度，鼓励村民参加政府组织的各项职业技能培训，提高务工人员的素质和劳动技能，使工人由体能型逐步向技能型转变。如今劳务输出已经成为村民的"铁杆庄稼"，踏实肯干的木兰人也正是通过这一途径走上了致富路，过上了小康生活，一代移民的艰辛与苦楚激励着他们创造出如今美好幸福的生活。

（三）扶贫扶志，兜底保障固成果

木兰村 2014 年初共识别建档立卡户 116 户，2018 年新识别 9 户 38 人，共 125 户 503 人，2018 年底贫困村脱贫出列，2020 年底贫困人口全部脱贫。木兰村按照"两不愁三保障"标准，统筹用好各类扶贫资金，补齐基础设施建设短板，落实各项扶贫政策，全力推动脱贫攻坚工作。

扶贫先扶志，木兰村积极利用"积分超市"，加强政策宣传和教育，推行内生动力提升工程；充分整合各项培训资源，持续开展手工制品制作培训，依托中国电信和宁夏昱荣文化旅游有限公司，在"京东商城中国特产永宁馆"电商平台展销软陶、刺绣、柳编等手工制品，加强与镇域企业对接，扩大劳务输出。倡导社会主义核心价值观，大力开展人居环境卫生综合整治，深化民族团结进步教育，深入开展扫黑除恶专项斗争，努力提高乡村治理水平。

按照"两不愁三保障"标准，统筹用好各类扶贫资金，补齐基础设施建设短板，落实各项扶贫政策，全力推动脱贫攻坚工作。新建党群活动服务站面积 792 平方米，村级阵地建设总面积达 1222 平方米，完善"五室一站"基本功能，提升公共服务能力；翻建闽甘路 5.74 公里，水、电、路、宽带、网络等基础设施完善，教育、卫生、文化等基本公共服务能力不断增强，有村级卫生室，医疗人员 3 名，药品较齐全，基本医疗设施较健全，村民就医便利，建档立卡户全部签约家庭医生，2020 年建档立卡户农村基本医疗保险完成 100%。木兰村共确定兜底户 9 户 33 人，制定方案，全面落实亲属照料、弱老荐岗、组织关怀、政策倾斜等措施。同时，对 3 户边缘户也及时跟进帮扶措施，建立健全"一户一档"，建立防贫返贫监测预警和动态帮扶机制，防止返贫。坚持农村低保与脱贫攻坚有效衔接，对符合条件的全部纳入农村低保保障范围。

木兰村的成功不是一蹴而就的，而是在党建引领下，通过土地流转，依靠两大产业：特色种养殖、劳务输出带领村民奔向了小康社会。未来的木兰村在闽宁合作不断深化的背景下，逐步提高乡村治理能力，延展两大主导产业，保障村内弱势群体，实现脱贫攻坚与乡村振兴的有效衔接，让村民过上生活富裕、生态宜居的好日子。

园艺村："老"移民村庄焕发"新"活力

作为闽宁镇最早的移民点之一，园艺村的发展是整个闽宁镇发展的缩影，见证了一代人从坚守到创新、从"候鸟移民"到扎下根的移民搬迁全过程。在东西协作以及精准扶贫政策的支持下，园艺村实现了经济发展、社会治理、文化建设的全面发展，这个移民乡镇中的最"老"移民村焕发出了新活力。

（一）园艺村发展概况

闽宁镇园艺村位于包兰铁路东侧，南靠青铜峡市，北靠玉泉营农场，距离闽宁镇政府 7.5 公里，交通道路贯穿南北。园艺村地势平坦，西部土地贫瘠，以沙土和红黏土为主，当前建设用地较为分散，村域东侧为一般农田，永久基本农田集中在村域西侧，农田围绕着村庄建设用地分散布局。

全村总人口 1351 户 8094 人，其中常住人口 1022 户 6447 人，流动人口 329 户 1647 人，建档立卡贫困户 166 户 676 人（2016 年底脱贫退出），耕地面积 7857 亩。园艺村下辖 11 个村民小组，辖区面积为 10 平方公里。村集体收入主要依托壹泰牧业、犇旺养殖有限公司，互助资金为主要经济收入来源，2024 年村集体总收入达 104 万元。农村人均收入呈现"快增长"的发展态势，2014 年，全村农民人均可支配收入达到 8400 元，2024 年全村农民人均可支配收入达到 18927 元。

（二）坚持传统产业"三足鼎立"，引进农业企业解决群众就业难问题

园艺村的产业发展以传统的农作物种植、养殖、劳务输出三大产业为主，在此基础上，本村驻村工作队积极发挥部门优势，引进多元产业解决村庄剩余劳动力就业不足问题，先后有福建白萝卜种植、佳闽设施温棚、酿酒葡萄种植等项目入驻园艺村，为本村剩余劳动力——尤其是部分无法外出的女性劳动力提供了就业机会，使其实现就近就业与家庭照料双重目标。同时，制定《闽宁镇园艺村农村集体产权制度改革实施方案》《闽宁镇园艺村农村集体经济组织成员身份确认方案》《闽宁镇园艺村股份经济合作社章程》等，成立以党支部书记为理事长、村监会主任为监事长、部分股东代表为理事会成员的园艺村股份经济合作社，开展成员身份认定、股权认定等改革工作。进一步规范村集体经济收入使用程序，制定《园艺村资产收益性资金使用办法》，对资金使用、支付程序等进行规范和明确，做到应帮尽帮。

1. 日益趋向规模化发展的种植业

园艺村全村耕地面积 10160 亩，主要种植玉米、小麦、枸杞、葡萄等

作物，其中玉米和小麦种植面积7040亩，枸杞种植面积达1200亩，其他零散蔬菜种植面积为382亩，园艺三组土地流转108亩，流转于银川奶瓜瓜生物科技有限公司，种植山区野生植物奶瓜瓜，经开发种植，产品市场效益可观。企业生产期间，解决本村50—100人的劳务就业，人均增收0.8万元至1.5万元。通过实施该项目，将村民从见效慢、收益低、风险高的传统种植业中解放出来，实现劳动力转移增值。流转108.2亩种植其他特色农产品，共涉及农户68户，户均通过土地流转直接增收4400余元。同时将村上的200余亩闲置土地进行整治规划，利用政府扶贫资金建设35栋现代化温棚，建成后由建档立卡贫困户承包经营，发展高效蔬菜产业，实现农业提质增效，促进农民持续增收，推动集体经济增收多元化。目前，由于农户大棚种植技术还不成熟，设施温棚由建棚公司统一经营，预计转由农户承包后，可以带动35户建档立卡贫困户户均年增收一万元以上，村集体增收30万元以上。园艺六组土地流转382.45亩，流转于犇旺养殖有限公司，用途为饲草种植。2018年，园艺村将部分不适宜粮食种植的土地进行整合，共流转土地2800亩，由宁夏闽宁情公司种植酿酒葡萄，200余户群众通过土地流转户均直接增收7000元，100余名群众获得就近务工机会，增加收入。

从总体来看，园艺村的种植业由一家一户分散种植逐渐转向以土地流转为主要特征的规模化种植，种植结构也由主要种植粮食作物转向种植附加值更高的经济作物。种植公司作为种植结构调整的主要载体，其引入在解决本村剩余劳动力的就业问题方面发挥了重要作用。

2. 坚持企业规模养殖与农户散户养殖相结合

园艺村坚持企业规模化养殖与散户集中养殖相结合的原则。当前共有散户养殖633户，牛存栏1655头，羊6987只，生猪640头，鸡1970只。在环境整治行动指导下，园艺村有序开展畜禽养殖出户入场工作，制定《闽宁镇园艺村肉牛养殖出户入场工程实施方案》，实施肉牛养殖出户入场工程，完成出户入场 67 户 721 头，其中光伏入场 61 户 675 头，犇旺公司 6 户 46 头。其间，争取县农经站项目资金 10 万元完善养殖园区基础设施，争取银川市农业农村局资金 5 万元壮大村集体经济。园区养殖大棚由村集体集中建设完成，10 头以上的养殖户支付一定租金后可以将家庭养殖场搬到集中养殖区域，由村集体提供统一的养殖棚、防疫、消毒等基础设施与服务。

2024 年，园艺村有 4 家规模养殖企业，养牛企业 3 家，其中犇旺养殖有限公司计划养殖 5000 头，存栏 3200 头；金顺友养殖有限公司存栏 500 头；金光农牧养殖有限公司牛存栏 480 头，羊存栏 3800 只。养羊企业 1 家，闽南养殖有限公司存栏 2000 只。养殖园区规模养殖户 9 户，其中养牛 4 户，存栏 280 头；养羊 4 户，存栏 2900 只；鸽子养殖 1 户，存栏 2000 羽。疫病防治覆盖率达到 100%，耳标佩戴率 100%。按照"政府引导＋企业带动＋贫困户受益"的扶贫模式，制定了《园艺村三年脱贫富民奔小康肉牛产业发展实施方案》，依托辖区龙头企业实施"扶母还犊"项目，引导、鼓励农户养母牛、繁小牛、出栏商品牛。初步计算，实施该项目后，实现养殖户户均年增收 10400 元，同时又解决了农村老、弱、病、残等剩余劳动力的就业问题。目前，项目首批 14 户已经实施。

3. 组织技能培训，增强劳务人员就业能力

劳务输出是农民收入的主要来源，园艺村全年共输出劳动力 2750 人，占全村总人口的 42%，经济创收近 3000 万元。参加县、镇各部门组织的编织、刺绣、烹饪、家政服务、驾驶等各类培训 4 次，参加人员 180 余人次，使在外务工及留守人员的专业能力得到了有效提升。同时，园艺村成立劳务工作站，开展劳务信息登记、用工信息发布等工作。积极协调举办肉牛养殖、车辆驾驶、手工编织、家政等技能培训班和扫盲班，累计培训群众 500 余人次，让群众能够掌握劳动技能，获得就业机会，并鼓励、组织村民就近务工，扩大增收来源。

（三）多措并举提升村庄治理水平

1. 扎实推进民生保障工作，丰富村庄文化活动

2019 年园艺村共完成困难群众办理低保 26 户 31 人；积极协调有关部门为残疾人员办理残疾证 8 人，享受政策补助；残疾人做康复治疗 40 人；办理 80 岁及以上高龄津贴 4 人；老年认证 210 人；办理残疾人灵活就业补助 10 户，共计 2 万元。积极动员村民缴纳医保，实现缴纳范围全覆盖。同时稳步开展妇联工作，经统计，2019 年园艺村育龄妇女总数共 998 人，孕前优生检查 28 对；参与妇科检查 186 人，参加两癌筛查 186 人。园艺村积极开展妇女培训工作 2 次，组织妇女扫盲班一期，参加人数 80 余人，75% 以上妇女基本识字；积极开展宣传工作，发放法律顾问服务卡 800 余份，发放妇联便民服务卡 600 余份，为 56 户办理小额贷款，总金额 275 万元。

开展农村环境整治活动，重点围绕街道、养殖园区、光伏园区，开展了私搭乱建、占道堆放柴草、建筑材料、生活垃圾等问题的整治，组织建立环境卫生长效管理机制。协调城管局解决园艺村街道路灯不亮问题，检修路灯 60 盏，更换灯头 11 个，保障村民夜间出行安全。配合林业局开展园艺村庄点巷道及道路绿化工作，累计栽种树木 8000 株。组织开展了闽宁镇第一届秦腔联谊会，丰富村民文化活动，修订了《园艺村红白理事会章程》并组织实施，打造道德文化长廊 2 处，制作嵌入式展板 18 块，制作村部文化墙，宣传社会主义核心价值观、村规民约、勤俭节约和关爱老年人等内容。同时指导村两委开展"最美家庭""最美永宁人"等评选活动，进一步激发广大村民孝老爱亲、遵纪守法的良好社会风尚。组织开展了银川市民族团结进步示范村创建活动，大力开展民族团结、惠民政策宣传落实，加强党员群众的感恩教育，大力开展民族团结进步工作，2018 年，成功创建市级民族团结进步示范村。

2."一刻也不耽误，一天也不懈怠"：把精准扶贫工作做在前头

为保证精准扶贫工作成效，园艺村组织制定《园艺村三年脱贫富民奔小康工作实施方案（2018—2020年)》，围绕方案确定的六项措施组织工作实施。对建档立卡贫困户和边缘户及申请人进行入户调查，做到底数清、数字准、情况明，解决好"扶持谁""怎么扶"的问题。根据《园艺村包组包联工作实施方案》，明确帮扶责任人责任和工作方式方法，将脱贫富民工作扶到点、扶到根、扶到人心。严格执行《园艺村脱贫出列及贫困户脱贫退出巩固提升实施方案》要求，根据各项工作部署，分清轻重缓急，以"一刻也不耽误，一天也不懈怠"的精神，按时高效完成各项工作任务。2019年11月11日，完成园艺村贫困村脱贫出列第三方评估的接待工作，并根据评估意见，积极开展档案完善等工作。同时积极开展脱贫攻坚问题整改，制定《园艺村2019年脱贫攻坚成效考核反馈问题整改方案》《园艺村2020年上半年县级党委和政府脱贫攻坚工作成效交叉考核反馈问题整改方案》《园艺村关于国务院扶贫开发领导小组2019年脱贫攻坚督查及2018年贫困县退出抽查反馈问题整改方案》等并做好整改提升和档案管理等工作。动员社会各界开展多种形式的帮扶活动，对70余户贫困户帮扶送温暖，配合企业捐赠衣物700余件。动员社会力量关爱贫困户，为13户贫困户捐赠助听器、家具、学习和生活用品。

3.党建引领是村庄发展的"压舱石"

园艺村现有党员92人，党支部为四星级党支部，为完善村两委工作制度，建立"园艺先锋"党员微信群，成立党员志愿服务队。为进一步加强农村基层党组织建设，园艺村根据县委组织部和闽宁镇党委安排，落实好党支部常规工作，按月召开以"扫黑除恶，党员先行""学支部条例，建模范支部""志愿服务党旗在飘扬""扫黑除恶我支持我参与"等为主题的党日活动和党员大会，学习宣传党的路线方针政策，召开第一书记讲党课4次。组织开展"不忘初心、牢记使命"主题教育，围绕政治建设、从严治党等8个方

面加强思想认识、开展问题检视和整改提升，不断提升党员综合素质和党支部的战斗堡垒作用，在上级党委指导下，村党支部严格执行党员发展程序。开展信教党员"回头看"工作，针对已完成思想转化的党员进行入户走访和谈心谈话活动，杜绝党员信教现象发生。按照县委组织部和镇党委要求，完善基层党建阵地建设，对园艺村的党建阵地进行重新规划，合理布局建设"五室一站"，更新更换党员学习教育、移风易俗文化墙内容，通过种种举措，使"真用心、真尽力、真落实"切实体现在为群众排忧解难中。为此，园艺村开展各项便民服务工作，完善园艺村为民服务全程代办点管理，涉及民生事项即来即办，力求一次性办结，对于群众反映的问题，及时研究答复解决。

针对村庄内"沙化""阿化"现象，开展软弱涣散基础党组织整治，宣传马克思主义民族观宗教观，整治"沙化""阿化"和清真概念泛化现象，清理街道商铺进行一对一谈心谈话活动和思想转化教育，纠正了7名老党员的上寺行为。开展精准扶贫领域形式主义、官僚主义等问题整治工作，根据《园艺村党支部关于扶贫领域形式主义、官僚主义等问题自查报告》中存在的问题，积极开展对标整治和巩固提升工作，强化基层党支部的战斗堡垒作用。

下一步，在基层党组织建设方面主要从加强党员学习教育，做好党员发展和培养以及健全完善园艺村两委工作制度；在产业发展方面持续推进"扶母还犊"项目；在扶贫工作方面，完善动态检测机制，掌握动态信息，推动园艺村经济社会全面发展。

典型案例

（一）"李镇长赞闽宁"推动电商扶贫

2019年10月，31岁的李辉钦被福建省厦门市委派到闽宁镇挂职扶贫副镇长，接过了 24 年闽宁协作守望相助的接力棒。他上任不久便发生了新冠疫情，闽宁镇产品销售也遭遇低谷。当时，李辉钦看到外地直播带货如火如荼，全国多地区县长开始直播带货，他也冒出了电商公益助农的念头。2020年 5 月 9 日，李辉钦开启"李镇长赞闽宁"抖音号，进行了第一场直播。这次直播连续 3 小时没有间断，在没有经验的情况下，当天订单量近 300 单，这给李镇长增强了信心。当他了解到深夜在线买货的人更多，李辉钦不管多忙，20：00—24：00 的直播从来没有间断过。他直播带货的扶贫车间，以前一天发货 1000 单左右，直播带货之后每天可以达到 1500—2000 单，工作岗位也增加了 10 个。9 月初，李镇长又将抖音打赏获得的音浪转为现金13000 余元全部捐赠给了闽宁镇当年考上大学的孩子们。

扶贫最高的境界不是给予，而是引路。李辉钦意识到自己的力量是有限的，于是逐渐把直播带到了田间地头、温室大棚、产业园区，镜头转向了辛勤劳作的闽宁镇人民。现在，李镇长的直播团队已经有 4 个人，还带动了一支由贫困妇女组成的"闽宁巧媳妇儿"直播带货团。2020 年 10 月 15 日，在李辉钦两个月的辛苦策划下，闽宁镇成功举行了专场助农网络直播带货活动，来自全国各地 15 位抖音、快手达人通过线上直播平台宣传，吸引了来自全国近万名观众观看直播，销售了超过 100 款闽宁镇特色产品，单日销售收入达 96 万元。

山海协作，共奔小康。"李镇长赞闽宁"不仅在闽宁掀起了直播带货的热潮，解决了疫情期间卖货难、收入低的难题，也直接推动了闽宁电商助农产业的发展，为闽宁产品开拓出新市场。

（二）"干沙滩"变成"金沙滩"——闽宁镇葡萄酒产业发展

闽宁镇全年日照达 3000 小时，砂土富含矿物质，是全世界最适合酿酒葡萄种植的地区之一。20 世纪 90 年代之前，这里还是一片干沙滩，东西协作扶贫以来，经过 20 余年的努力，这里已经成为一片"金沙滩"——闽宁葡萄酿造的葡萄酒品质非常高，口感惊艳，获得世界级品酒师的认可并屡获国际大奖，年综合产值达 9.3 亿元，拉动该产业移民年均增收 3000 元以上。

依托贺兰山东麓酿酒葡萄产业经济带，闽宁镇通过实行政府引导、企业参与、农户受益的方式，充分发挥本地资源禀赋优势，走高端化、绿色化、融合化葡萄酒产业发展之路。目前，闽宁镇已发展葡萄种植面积 8 万余亩，占宁夏全区种植面积的 14%，培育和引进了德龙、立兰、中粮等 4 家葡萄酒龙头企业，建成酒庄 13 家，年产葡萄酒 2.6 万吨，并建成闽宁红酒街，吸引 33 家优质酒庄入驻，着力打造贺兰山东麓共享酒庄，已建成全区葡萄产业特色小镇。葡萄酒企业每年为农民提供技术培训、酒庄和葡萄酒庄园就业机会、收购葡萄等服务，促进了农民的技能学习和就业增长、收入提升，产业益贫特征突出。同时，葡萄种植可有效减轻当地及周边地区的风沙危害，起到庇护周边农田、抑制土地退化、净化空气、调节气候、改良土壤、减少污染等生态循环作用。因此，闽宁镇开拓了一条产业支撑的致富之路和生态优先的发展之路，形成一条靓丽的葡萄酒与生态保护、文化旅游融合的生态保护线，为可持续的乡村发展奠定了良好的基础。

（三）"闽宁巧媳妇儿"直播团

"闽宁巧媳妇儿"直播创业团队成立于 2020 年 4 月，主要以建档立卡贫困户女性为主，于每周六晚 8 点快手直播间分享农产品、生活小窍门等知识内容。团队由 6 名已婚妈妈组成，其中年龄最小的 21 岁，最大的 46 岁，受教育程度最高的是小学，其中 1 个还是文盲，从未上过一天学。她们自小生活在偏远的固原山区，后来迁到闽宁镇定居。曾经只会种地带孩子的她们也没有想到，自己有一天能从深山走进工厂，当起了带货"女主播"。

从固原迁移到闽宁镇之后，曾经"围着灶头和孩子转"的回族贫困妇女获得了人生中第一份工作——禾美扶贫车间女工。为了加强销售工作，工厂引入了新兴的网络直播，并以销售提成吸引了妇女的参与。因为直播工作，她们接受了电脑操作、网络连接、摄影技巧、表达方式等培训。为提高商品直播效果、增强销售能力、吸引消费者的注意力，"巧媳妇儿"直播团队邀请直播专家进行现场培训指导，学习直播语言和做事风格，包括如实表达产品效果、不能传播低俗信息、穿衣打扮要与商品特性相结合等。曾经，闽宁"巧媳妇儿"们都不会穿衣打扮，现在她们不仅学会了好看得体的着装方式，也学习了化妆技巧，不仅改善了自己的直播形象，也引领了当地农村妇女的着装潮流。

看到弹幕却因为不识字而难以及时解答顾客疑问，成为巧媳妇们面临的主要难题。为此，她们自主组织了学习辅导班，相互指导识读、写字。她们的孩子们也帮助她们识字，不仅增强了巧媳妇们的识读能力，也加强了孩子们的学习动力。巧媳妇们从一开始的"什么都不说、看懂什么答什么、看不懂就不回答"，变成了"主动打招呼、主动宣传、热情介绍"，"爱喝金丝皇菊配枸杞的美女们，一定要尝尝咱们宁夏特产！"——"巧媳妇儿"们已经可以对着镜头熟练的"安利"当季农产品了，粉丝也一跃涨到1万多人。借助这一电商直播平台，枸杞、黄花菜、红枣、杂粮、葡萄等宁夏本地特色农产品得以销往全国，闽宁镇的巧媳妇们也一起通过直播创业实现了脱贫致富。

"巧媳妇儿"团队不仅有效地提升了贫困妇女的收入，更重要的是改变了她们的精神面貌和思想观念——她们懂得了主动宣传产品、积极对接市场、服务客户需求，才能把家乡的好产品卖出去，帮助家乡人共同走上致富奔小康的道路。

参考文献

1.《习近平关于全面建成小康社会论述摘编》，中央文献出版社 2016 年版。

2.《习近平谈治国理政》第二卷，外文出版社 2017 年版。

3.《习近平在深度贫困地区脱贫攻坚座谈会上的讲话》，人民出版社 2017 年版。

4.《习近平扶贫论述摘编》，中央文献出版社 2018 年版。

5.《习近平关于"三农"工作论述摘编》，中央文献出版社 2019 年版。

6.《习近平关于尊重和保障人权论述摘编》，中央文献出版社 2021 年版。

7. 国务院扶贫开发领导小组办公室：《东西扶贫协作　实现共同发展》，中国财政经济出版社 2005 年版。

8. 黄承伟：《东西部扶贫协作的实践与成效》，《改革》2017 年第 8 期。

9. 吴国宝：《东西部扶贫协作困境及其破解》，《改革》2017 年第 8 期。

10. 贾稼霖：《真情手牵手　赤心分国忧——青岛、陇南两地共青团开启东西协作青春扶贫新篇章》，《中国共青团》2017 年第 6 期。

11. 钟培源、郭涛：《春天里的故事——闽宁镇东西产业扶贫协作侧记》，《宁夏画报》2020 年第 5 期。

12. 贝阿特科勒 - 科赫：《欧盟治理的转型》，伦敦罗特莱奇出版公司 1999 年版。

13. 关信平：《中国城市贫困问题研究》，湖南人民出版社 1999 年版。

14. 阿玛蒂亚·森、王宇：《贫困与饥荒》，王文玉译，商务印书馆 2001 年版。

15. 迪帕·纳拉扬、拉伊·帕特尔、凯·沙夫特、安妮·拉德马赫、萨拉·科克舒尔特：《谁倾听我的声音》，付岩梅译，中国人民大学出版社 2001 年版。

16. 白丽、赵邦宏：《产业化扶贫模式选择与利益联结机制研究——以河北省易县食用菌产业发展为例》，《河北学刊》2015 年第 35 期。

17. 韩斌：《我国农村扶贫开发的模式总结和反思》，《技术经济与管理研究》2014 年第 6 期。

18. 刘北桦、詹玲：《农业产业扶贫应解决好的几个问题》，《中国农业资源与区划》2016 年第 37 期。

19. 曾勇：《中国东西扶贫协作绩效研究》，华东师范大学出版社 2017 年版。

20. 樊前锋：《闽宁镇记事》，阳光出版社 2019 年版。

21. 风笑天：《"落地生根"？——三峡农村移民的社会适应》，《社会学研究》2004 年第 5 期。

22. 任远、邬民乐：《城市流动人口的社会融合：文献述评》，《人口研究》2006 年第 3 期。

23. 朱力：《论农民工阶层的城市适应》，《江海学刊》2002 年第 6 期。

24. 杨占武编著：《苏醒的荒漠戈壁：闽宁镇发展纪实》，宁夏人民出版社 2015 年版。

25. 章文光、刘丽莉：《精准扶贫背景下国家权力与村民自治的"共栖"》，《政治学研究》2020 年第 3 期。

26. 李冬慧：《基于治理资源视角的产业扶贫与贫困治理——以陕西省延长县 X 村为例》，《广西大学学报（哲学社会科学版）》2018 年第 40 期。

27. 王曙光：《易地扶贫搬迁与反贫困：广西模式研究》，《西部论坛》2019 年第 29 期。

28. 郑楷、刘义圣：《产业梯度转移视角下的东西部扶贫协作研究》，《东南学术》2020 年第 1 期。

29. 李玉山、陆远权：《产业扶贫政策能降低脱贫农户生计脆弱性吗？——政策效应评估与作用机制分析》，《财政研究》2020 年第 5 期。

30. 李小云、于乐荣、唐丽霞：《新中国成立后 70 年的反贫困历程及减贫机制》，

《中国农村经济》2019 年第 10 期。

31. 韩喜平、王晓兵：《从"投放—遵守"到"参与—反馈"：贫困治理模式转换的内生动力逻辑》，《理论与改革》2020 年第 5 期。

32. 张国凤、王腾飞、吕珂昕：《"塞上江南"看小康系列报道之一贺兰山下的笑脸》，《农民日报》2020 年 7 月 31 日，http://www.farmer.com.cn2020/07/31/wap_99857420.html。

33.《银川市召开社会保障兜底工作推进会》，《银川日报》2020 年 4 月 10 日，http:/kwww.nxnews.net/ds/sxld/t202004/t20200410_6667885.html。

34. 包俊洪、郭玲：《走向我们的小康生活｜闽宁镇原隆村的脱贫故事》，求是网，2020 年 6 月 13 日，http://www.qstheory.cn/laigao/ycjx/2020-06/13/c_1126110978.html。

35. 徐明强、许汉泽：《新耦合治理：精准扶贫与基层党建的双重推进》，《西北农林科技大学学报（社会科学版）》2018 年 5 月。

后　记

　　《干沙滩到金沙滩：闽宁镇脱贫攻坚经验总结》这份关于宁夏闽宁镇脱贫攻坚经验总结报告终于和读者见面了。本团队对报告的撰写是为新中国成立以来脱贫攻坚成效进行一次全面回顾总结，以使这项工作在新的起点上，更好地发挥对习近平总书记关于精准扶贫战略论述的研究，中国扶贫攻坚的理论基础，后扶贫时代战略部署的服务和促进作用，使理论研究和实践方案能够对中国贫困治理进行总结，同时为世界反贫困事业提供参考，早日实现"中国梦"和"人类命运共同体"。

　　调研团队出中国农业大学人文与发展学院吴惠芳教授作为组长，龚利老师、李红艳教授作为副组长，成员还包括曾参与贫困研究或农村调研经历的5名博士研究生和7名硕士研究生。团队出发前围绕东西协作扶贫、闽宁镇移民历程、闽宁镇产业扶贫等方面进行前期资料收集和小组汇报，同时汲取叶敬忠教授、潘璐教授等专家的意见，并在此基础上拟定访谈提纲和调研安排。为了完成这份报告的写作，团队驻扎在闽宁镇长达20天，调研足迹遍布与扶贫相关的行政部门和6个村级单位。团队先是在当地工作人员的带领下用两天的时间对6个村进行观摩，以把握闽宁镇扶贫工作的整体概况；其次分组对县、村扶贫办及相关部门进行访谈和搜集资料；再次分成2个小组对镇所辖6个村进行走访调研，访谈对象包括村支部书记、驻村第一书记、产业扶贫负责人、村妇女主任、贫困户等主体，了解闽宁镇脱贫攻坚的发展历程、制度建设、具体措施和脱贫成效。最后，团队通过讨论拟定报告提纲，再与闽宁镇领导进行交流，最终敲定报告写作框架。

此次调研中最让人难以忘怀的便是闽宁镇工作人员和村民给予的关怀、热情和实质性的帮助，无论是在深度访谈，还是在材料收集过程中，他们都会饱含深情地讲述闽宁镇的脱贫攻坚故事，也会耐心地为我们查询和打印相关材料，这都为我们顺利完成调研和写作埋下伏笔。我们要特别感谢闽宁镇副镇长杨青，杨镇长每晚都会等待我们讨论后帮助联系第二天的访谈对象和安排行程保障，每每在与杨镇长的交流中都能感受到一个年轻干部在扶贫岗位上的不辞劳苦与工作热情。我们还要感谢福宁村党委书记谢兴昌书记，谢书记不仅是闽宁镇的第一代移民，同时也将移民吃苦耐劳的精神嵌入在精准扶贫的工作中，每当谢书记谈及曾与习近平总书记握手畅谈的事迹，满脸洋溢着幸福的笑容和对参与扶贫工作的荣誉感，让我们深受感动和启发。感谢来自福建的挂职干部李辉钦镇长，李镇长很好地诠释了东西协作扶贫制度优势，两年内将福建的优质资源注入闽宁镇，更是用先进理念改变着闽宁人的思想，他非常热情地接受我们近3个小时的访谈，并决定任职到期后还会申请继续留任，并向我们展示了他对闽宁的发展规划。

本次报告得以完成，还与国务院扶贫办设立了招标课题"2020年'三区三州'和部分典型市县乡村脱贫攻坚案例总结"有关。中标这个课题，使团队得以将闽宁镇的研究正式纳入计划，得到了一些科研和实践方面的支持。更为重要的是，借助这个平台，学院与国务院发展中心联合举办关于贫困治理的相关会议，将贫困治理这一专题研究进一步推展到理论性与国际化阶段，每每参与会议讨论都对报告的修改和凝练提供了智力支持。最后，团队成员借助此次调研深刻感受到闽宁镇脱贫攻坚的光辉篇章的谱写一是离不开国家宏观制度，尤其是东西协作扶贫制度的引领；二是离不开乡镇基层干部对移民村历史纠纷的协调和扶贫资源的精准落地；三是精准脱贫不仅是实现经济收入的提高，而是经济富足、生态宜居、治理有效、乡风文明等诸多方面的协同统一，在这一点上闽宁镇已经建立了相应的体制机制，以实现脱贫攻坚和乡村振兴有机衔接。

参与本书撰写的人员还有李文慧、陈健、钟丽娜、王宇霞、王惠、冉学平、董俊芳、戴小燕、周赛花。本书成稿不易，凝聚了大家心血，在此感谢所有成员的认真态度与辛勤付出！希望本书为深入认识与理解中国西部地区的脱贫攻坚优秀经验提供重要的参考价值，也希望本书能够得到读者的批评指正。